ひとりでゆっくり
韓国語入門

音声ダウンロード

著 | チョ・ヒチョル
チョン・ソヒ

JN064957

CUON

音声は無料でダウンロードできます。

本書の マークがある箇所の音声（MP3ファイル）は、以下のサイトより無料でダウンロードできます。パソコンやスマホなどの再生ソフトを使って聞くことができます。テキストと併せて学習にお役立てください。

クオンのトップページからダウンロードできます。
http://www.cuon.jp/

装丁：金子英夫 (テンテツキ)

イラスト：なかざわ　とも

はじめに

『ひとりでゆっくり韓国語入門』に、ようこそ！

　本書は、韓国語を学ぶ方が「ひとりでゆっくり」勉強できるように工夫してあります。第1部の「ハングルの文字と発音」では、**文字や発音を丁寧に説明し、基礎をしっかり**つかめるように、また、第2部の「文法と会話」では、**使用頻度の高い会話文**や多くの例文・練習問題を通じて**基本的な会話までできるように**構成しました。

　もちろん本書は、教室で使うにも十分な構成です。

　また、**学び直しにも役立つ**と思います。

　本書は**時間がかかっても、自分のペースでゆっくり勉強したい方、学び直したい方のための本**です。外国語の勉強は努力の分だけ伸びていくものだと思います。また、それが目に見えないにしても、自分も知らないうちに少しずつ実力はついていくものです。

　世の中には外国語（教育）への誤解が多々あり、「聞き流すだけでいい」とか、「映像を見るだけでいい」とか、易きに流れることを促すような学習法も散見されています。

　ただし、母国語は自然に「習得」できるものですが、**外国語は母国語とは違う学び方で「学習」しなければなりません。**

　著者は長年にわたる教育と研究、また、テキスト作りを通じて培ってきたノウハウを活かし、**「学習者にとって学びやすい・教師にとって教えやすい」教材**を求めてきました。本書は「入門」「初級」「中級」「上級」の第1巻として出されたものです。

　本書が出るまでは多くの方々の応援がありました。

　本書の企画を聞いて背中を押してくれた永田金司さん、ほか、実現にご尽力下さった皆さまにもお礼を申し上げます。

　最後に、本書を手にした読者の皆さんが「ゆっくり」韓国語を楽しまれることを、陰ながら応援しています。**どうぞ、「ゆっくり」韓国語の世界を楽しんでください！**

著者

本書のポイント

第1課 저는 일본 사람입니다.
私は日本人です。

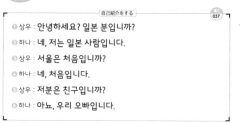

自己紹介をする 037

① 상우 : 안녕하세요? 일본 분입니까?
② 하나 : 네, 저는 일본 사람입니다.
③ 상우 : 서울은 처음입니까?
④ 하나 : 네, 처음입니다.
⑤ 상우 : 저분은 친구입니까?
⑥ 하나 : 아뇨, 우리 오빠입니다.

> スキットは日常会話でよく使われている文型に絞って、各課の目標文法が使われる場面の会話を提示し、簡単なフレーズを学んで自然な流れで会話ができるようにしました。音声ファイルも積極的に使ってみましょう！

> スキットのあとは、注意すべき発音と重要な語彙・表現を取り上げました。また、「日本語訳」を出しているので、韓国語への翻訳・通訳にも挑戦してみましょう。

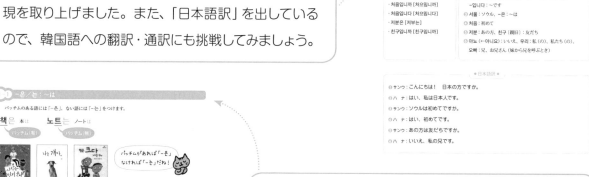

【発音】
・일본 분입니까 [일본부님니까]
・사람입니다 [사라밈니다]
・서울은 [서우른]
・처음입니까 [처으밈니까]
・처음입니다 [처으밈니다]
・저분은 [저부는]
・친구입니까 [친구임니까]

【語彙・表現】
① 안녕하세요? : こんにちは、 일본 [日本] 日本、 -분 : ~の方、 -입니까? : ~ですか
② 네 : はい、 저 /私 (わたし)、 -는 : ~は、 사람 : 人、 -입니다 : ~です
③ 서울 : ソウル、 -은 : ~は
④ 처음 : 初めて
⑤ 저분 : あの方、 친구 [親旧] : 友だち
⑥ 아뇨 (←아니요) : いいえ、 우리 : 私 (の)、 私たち (の)、 오빠 : 兄、 お兄さん (妹から兄を呼ぶとき)

● 日本語訳 ●
① サンウ : こんにちは！　日本の方ですか。
② ハ ナ : はい、私は日本人です。
③ サンウ : ソウルは初めてですか。
④ ハ ナ : はい、初めてです。
⑤ サンウ : あの方は友だちですか。
⑥ ハ ナ : いいえ、私の兄です。

1-1 -은/는:~は

パッチムのある語には「-은」、ない語には「-는」をつけます。

책 은 本は　　　노트 는 ノートは
〈パッチム(有)〉　　〈パッチム(無)〉

パッチムがあれば「-은」なければ「-는」だね！

【Point】 助詞 -은/는

~は	パッチム(有)	-은	本は 책은
	パッチム(無)	-는	ノートは 노트는

例 ・안경 (眼鏡) → 안경은　　　・연필 (鉛筆) → 연필은
　・사과 (りんご) → 사과는　　　・커피 (コーヒー) → 커피는

【練習】 次の語を 例 のように直してみましょう。

例 김치 (キムチ) 김치는	가방 (かばん)
신문 (新聞)	우유 (牛乳)
회사원 (会社員)	불고기 (焼肉)

> 課ごとに、スキットで取り上げた重要な文法項目について、説明と、実用性のある例文や練習問題を出しておきました。問題を解きながら学習の進み具合をチェックしてみましょう！

> 各課の最後には「まとめ練習問題」を設け、全体の復習や確認ができるようにしました。特に、日韓・韓日翻訳問題で文法の力だめしをし、韓国語で答える問題では会話練習をイメージしましょう。

第1課_まとめ練習問題

① 次の文を日本語に訳してみましょう。
(1) 안녕하세요? 한국 분입니까?
　→
(2) 아뇨, 미국 사람입니다.
　→
(3) 부산은 처음입니까? (부산 釜山:プサン)
　→
(4) 그분은 아버지입니까?
　→

課ごとに職業や趣味などテーマ別の「ことばのマダン」を設け、「語彙力アップ」を後押しします。「말마당（ことばのマダン）」に出ている単語をまるごと覚え、使えるように挑戦してみましょう！

ことばのマダン 말 마당 ①

職業など
직업 등

🔊 039

学生	歌手	俳優	タレント	弁護士	記者	銀行員
ハクセン	カ ス	ペ ウ	テル ロントゥ	ピョノ サ	キ ジャ	ウ ネンウォン
학생	가수	배우	탤런트	변호사	기자	은행원

先生	医師	看護師	薬剤師	警察官	会社員	公務員
ソン センニム	ウイ サ	カ ノ サ	ヤク サ	キョンチャルグァン	フェ サ ウォン	コン ム ウォン
선생님	의사	간호사	약사	경찰관	회사원	공무원

5課ごとに〈総合問題〉をもうけ、これまで習った内容の読み、書き、話し、聞きの総合練習ができるように構成しています。この問題を通じて、学習したことを再確認しておきましょう！

総合問題 ❷　第1課〜第5課

1 次の語彙の意味を韓国語は日本語で、日本語は韓国語で書いてみましょう。

① 여러가지 (　　　　　)　　② 선생님 (　　　　　)
③ 안경 (　　　　　)　　④ 하늘 (　　　　　)
⑤ 新聞 (　　　　　)　　⑥ 化粧品 (　　　　　)
⑦ 学生 (　　　　　)　　⑧ 公務員 (　　　　　)

2 🔊 のように、次の単語を発音どおりにハングルで書いてみましょう。

⑩ 일요일 : [이료일]

① 서울에서 : [　　　　　]　　② 작년 : [　　　　　]
③ 입니다 : [　　　　　]　　④ 맑음 : [　　　　　]
⑤ 몇 월 : [　　　　　]　　⑥ 숫자 : [　　　　　]

パッチムがあれば「−은」なければ「−는」だね！

ネコヤンイ

重要な学習ポイントには、本書の看板猫のネコヤンイとソヒ先生が登場し、わかりやすく説明してくれます。しっかり学習ポイントを覚えていきましょう！

名詞と名詞をつなぐとき、「〜の」にあたる「−의」を省くことが多いです！

ソヒ先生

他に、第1部の「文字と発音」にもすぐハングルが覚えられるように、ダジャレを使うなどいろいろな工夫をしました。

ヒチョル先生

目次

第1部
文字と発音

―ハングルの文字と発音―

── 初歩の初歩から会話まで ──

ひとりでゆっくり
韓国語入門

第1部

文字と発音

―ハングルの文字と発音―

ハングルの世界へようこそ！
シジャギ　バニダ
시작이 반이다
（始まりは半分だ）
です！

1−1　いきなりハングル！

いきなりですが、まず、ハングル文字に親しむために次の表〈仮名とハングルの対照表〉を見て自分や家族・友達の名前と地名などをハングルで書いてみましょう。

❶ 仮名とハングルの対照表

仮名　ハングル				
ア 아	イ 이	ウ 우	エ 에	オ 오
カ 가/카	キ 기/키	ク 구/쿠	ケ 게/케	コ 고/코
サ 사	シ 시	ス 스	セ 세	ソ 소
タ 다/타	チ 지/치	ツ 쓰	テ 데/테	ト 도/토
ナ 나	ニ 니	ヌ 누	ネ 네	ノ 노
ハ 하	ヒ 히	フ 후	ヘ 헤	ホ 호
マ 마	ミ 미	ム 무	メ 메	モ 모
ヤ 야		ユ 유		ヨ 요
ラ 라	リ 리	ル 루	レ 레	ロ 로
ワ 와				ヲ 오
ッ ㅅ ←				→ ン ㄴ
ガ 가	ギ 기	グ 구	ゲ 게	ゴ 고
ザ 자	ジ 지	ズ 즈	ゼ 제	ゾ 조
ダ 다	ヂ 지	ヅ 즈	デ 데	ド 도
バ 바	ビ 비	ブ 부	ベ 베	ボ 보
パ 파	ピ 피	プ 푸	ペ 페	ポ 포

語頭/
語中・
語末

【긴】자
【군】마

【홋】카이도
【돗】토리

「北海道」の【ほッ】の「ッ」にあたる「ㅅ」と、「銀座」の【ぎん】の「ん」の「ㄴ」をハングルで書き表すときは、前の字と合体して1字になります！

仮名一文字はハングルでも一文字だね！

キャ 갸/캬	キュ 규/큐	キョ 교/쿄
シャ 샤	シュ 슈	ショ 쇼
ジャ 자	ジュ 주	ジョ 조
チャ 자/차	チュ 주/추	チョ 조/초
ニャ 냐	ニュ 뉴	ニョ 뇨
ヒャ 햐	ヒュ 휴	ヒョ 효
ビャ 뱌	ビュ 뷰	ビョ 뵤
ピャ 퍄	ピュ 퓨	ピョ 표
ミャ 먀	ミュ 뮤	ミョ 묘
リャ 랴	リュ 류	リョ 료

▶ 表記方法

（1）促音「ッ」は「ㅅ」、撥音「ン」は「ㄴ」で表記しますが、横並びではなく、
文字の下に書きます。

　　　例 ホッカイドウ（北海道）　**홋카이도**

　　　　ギンザ（銀座）　**긴자**

（2）長音は表記しません。

　　　例 トウキョウ（東京）　**도쿄**

　　　　シンオオクボ（新大久保）　**신오쿠보**

　　　　オオタジロウ（大田次郎）　**오타 지로**

MEMO

❷ 名前の書き方

例 田中 洋子 (タナカ ヨウコ) → 다나카 요코

名字			名前		
た	な	か	よ	う	こ
語頭	語中	語末	語頭	語中	語末
タ	ナ	カ	ヨ	—	コ
다	나	카	요	×	코
다	**나**	**카**	**요**		**코**

> 長音は表記しません。

例 服部 敏郎 (ハットリ トシロウ) → 핫토리 도시로

> 下の名前の頭は語頭扱いです!

名字				名前			
は	っ	と	り	と	し	ろ	う
語頭	語中	語中	語末	語頭	語中	語中	語末
ハ	ッ	ト	リ	ト	シ	ロ	—
하	ㅅ	토	리	도	시	로	×
핫		**토**	**리**	**도**	**시**	**로**	

練習 … 次の人名や地名をハングルで書いてみましょう。

① 自分の名前:

② 好きな人の名前:

③ 最寄りの駅名:

④ 行きたい所:

❶ ハングルの創製

国立한글박물관
NATIONAL HANGEUL MUSEUM

ハングルとは、15世紀に朝鮮王朝の4代国王・世宗 (セジョン) が学者たちと協力して創った韓国語の文字のことです。

世宗はハングルを作った理由について、次のように述べています。「わが国の言葉は中国と異なり、互いに通じないので (漢文の知識のない) 愚かな民は言いたいことがあってもその意を述べることのできないため、私はこれを憐れに思い、新たに28字を作った。ただ、人々が簡単に習い、日々の用が便利になることを願ってのことである。(『訓民正音』序文)」

1443年に創製されたハングルは、創製当時「訓民正音 (フンミンジョンウム)」と命名され、1446年に『訓民正音』(ハングル創製の原理、解説や用例、文字創製の理由などが詳細に記録) という書物を頒布し、公布されました。この『訓民正音 (解例本)』は1997年にユネスコ世界記録文化遺産にも登録されており、韓国では、この『訓民正音 (解例本)』の発刊日の10月9日を「한글날 (ハングルの日)」と指定しています。

現在使われているハングル文字は、「ㅣ, ㅏ, ㅓ, ㅕ」などの21個の母音文字 (10個の基本母音文字と11個の合成母音文字) と、「ㄱ, ㄴ, ㄷ, ㄹ」などの19個の子音文字 (14個の基本子音文字と5個の合成子音文字) からなっています。

❷ 母音文字と子音文字の成り立ち

（1）基本母音文字の創製原理

世宗（セジョン）は母音と子音の文字を創り、その組み合わせによって更なる文字が出来るようにしました。最初に創った母音文字は「•, ─, │」の三つです。

丸い天から「•」

平らな地から「─」

立っている人から「│」

•	하늘
─	땅
│	사람

つまり、「天、地、人」を象って「•, ─, │」という三つの文字を創りました。そしてその三つの文字の組み合わせからいろんな文字を創りました。 たとえば、

「│」の右と「─」の上に「•」を加えて陽母音の「ㅏ, ㅗ」

「│」の左と「─」の下に「•」を加えて陰母音の「ㅓ, ㅜ」

さらに「•」をもう一個ずつ加えて、それぞれ陽性母音の「ㅑ, ㅛ」、陰性母音の「ㅕ, ㅠ」を創りました。表にまとめると次のようになります。

〈基本母音文字の創製原理〉

文字の原理 陽・陰	天・地・人の組み合わせ		母音文字	
			初出字	再出字（加画）
陽母音	│ + •	→	ㅏ	ㅑ
	• + ─	→	ㅗ	ㅛ
陰母音	• + │	→	ㅓ	ㅕ
	─ + •	→	ㅜ	ㅠ

ハングルの母音文字はいずれも「天（•）」と「地（─）」、「人（│）」の組み合わせでできているんだね！

（2）基本子音文字の創製原理

　ハングルの子音文字は、最初に口や舌などの調音器官をかたどって「ㄱ, ㄴ, ㅁ, ㅅ, ㅇ」の5つの文字が創られました。

〈調音器官図〉

	子音文字	調音器官	成り立ち	文字例
①	ㄱ		[k]を発音するときの舌の形をかたどる。	가 [ka]
②	ㄴ		[n]を発音するときの舌の形をかたどる。	나 [na]
③	ㅁ		[m]を発音するときの口の形をかたどる。	마 [ma]
④	ㅅ		[s]を発音するときの歯の形をかたどる。	사 [sa]
⑤	ㅇ		喉の丸い形をかたどる。	아 [-a]

　つまり、「ㄱ」と「ㄴ」という文字は [ka] と [na] を発音するときの舌の形、「ㅁ」という文字は [ma] を発音するときの口の形、そして、「ㅅ」は歯の形、「ㅇ」は喉の丸い形をかたどりました。

　さらに、これらの文字に画を加えて「ㄴ→ㄷ, ㅁ→ㅂ, ㅅ→ㅈ」の平音の文字を、更に画を加えて「ㄱ→ㅋ, ㄷ→ㅌ, ㅂ→ㅍ, ㅈ→ㅊ, ㅇ→ㅎ」の激音の文字を、なお、基本子音文字を並べて「ㄲ, ㄸ, ㅃ, ㅆ, ㅉ」の濃音の文字を創りました。まとめると次ページの表のようになります。

〈子音文字の創製原理〉

基本字 (象形字)	加画字	並書字 (濃音)
ㄱ	→ ㅋ	→ ㄲ
ㄴ	→ ㄷ → ㅌ / ㄹ *1	→ ㄸ
ㅁ	→ ㅂ → ㅍ	→ ㅃ
ㅅ	→ ㅈ → ㅊ	→ ㅆ / ㅉ
ㅇ	→ ㆆ *2 → ㅎ	

＊1 「ㄹ」は異体字として創られた文字。
＊2 「ㆆ」は今は使っていない。

「ㄱ」という字から「ㅋ」と
「ㄲ」という字ができたんだね！
形が似ているからきっと
発音も似ているだろうね！

1—3 ハングルの構造と組み合わせ

① ハングルの構造

　日本語の仮名文字は「アイウエオ」のように母音を表す文字、または「カ [ka]、サ [sa]、タ [ta]」などのように、子音と母音の組み合わせを表す文字から成っています。

　ハングルは「이, 거, 모, 두」などのように左や上に「ㅇ, ㄱ, ㅁ, ㄷ」などの子音文字と、右や下に「ㅣ, ㅓ, ㅗ, ㅜ」などの母音文字との組み合わせからできています。「ㅏ, ㅑ, ㅓ, ㅕ, ㅣ」などの母音文字は子音文字の右に、また、「ㅗ, ㅛ, ㅜ, ㅠ, ㅡ」などの母音文字は子音文字の下に書きます。

　このようにハングルは子音文字と母音文字の組み合わせから成っているため、子音文字と母音文字を分離することもできます。

　この子音文字と母音文字の組み合わせは一般的に次のように二通りです。

（1） 子音＋母音 〈나/무〉

나
（私）

ㄴ	ㅏ
n	a
子音	母音

무
（大根）

ㅁ	m	子音
ㅜ	u	母音

> ハングル文字の
> 組み合わせは
> （1） 子音文字＋母音文字
> （2） 子音文字＋母音文字
> 　　＋子音文字の二通りが
> あります。

> ハングルは
> 子音文字と母音文字の
> 組み合わせから
> できているんだね！

（2） 子音＋母音＋子音 〈남/문〉

남
（南）

子音	母音
ㄴ n	ㅏ a
ㅁ m	
子音	

> 下についている
> 子音のことをパッチムとも
> 言いますよ！

문
（門）

ㅁ	m	子音
ㅜ	u	母音
ㄴ	n	子音

> これも
> パッチムだね！

第1課 ハングルの世界 | 19

1-4 韓国語の特徴

　韓国語は日本人が最も学びやすい外国語とされていますが、それは韓国語と日本語は語順や語法などが類似しているからです。また、助詞や敬語の使用などがとても似ています。それでは日本語と韓国語の似ているところ・似て非なるところを見てみましょう。

❶ 日本語と語順がほぼ同じ

　韓国語と日本語は語順がほぼ同じです。

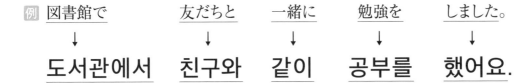

例　図書館で　　　友だちと　　一緒に　　勉強を　　しました。
　　도서관에서　친구와　　같이　　공부를　　했어요.

❷ 助詞がある

　韓国語にも日本語と同じように助詞があります。助詞は名詞などに付いて，その語と他の語との関係を示したり、その語に一定の意味を添えたりします。

例　　図書館で　　友だちと　　一緒に　　勉強を　　しました。
　　도서관에서　친구와　　같이　　공부를　　했어요.

❸ 敬語がある

　韓国語は日本語と同じく敬語があります。ただし、その使い方には似て非なるところがあります。日本語は「相対敬語」で、韓国語は「絶対敬語」だと言われています。つまり、日本語では、上司や目上の家族のことを、「ソト」の人に話すときは、「父」、「います」などのように敬語を使いませんが、韓国語では、話し手の上司や父親などの目上の者のことを、「ソト」の人に話すときや話題にするときも敬語表現を使います。

日本語　　今、父はいません。［相対敬語］

韓国語　**지금 아버지는 안 계십니다.** ［絶対敬語］

　　　　（今、お父さんはいらっしゃいません。）

❹ 固有語、漢字語、外来語などがある

韓国語の語彙は固有語、漢字語、外来語などで分類ができます。

（1）固有語

사람 (人)、밥 (ご飯)、얼굴 (顔)、몸 (体)、해 (太陽)、물 (水)、바람 (風)…

（2）漢字語

① 中国語起源の漢字語：산 (山)、강 (江)、동물 (動物)、사면초가 (四面楚歌)…

② 日本起源の漢字語：맥주 (麦酒)、일요일 (日曜日)、경제 (経済)、야구 (野球)、자동차 (自動車)、철도 (鉄道)…

　入구 (入口)、매상 (売上)、건물 (建物)、할인 (割引)、소포 (小包)…
※下線部の単語はもともと和語であるが、韓国では漢字語扱い。

③ 韓国起源の漢字語：친구 (親旧：友達)、남편 (男便：夫)、감기 (感気：風邪)、공책 (空冊：ノート)、지갑 (紙匣：財布)、방석 (方席：座布団)、선물 (膳物：贈り物)…

（3）外来語

텔레비전 (テレビ)、볼펜 (ボールペン)、카레라이스 (カレーライス)、빌딩 (ビル)…

このように、韓国語の辞書に載っている語彙の6、7割は漢字語だと言われています。ただし、漢字語でも新聞や教科書などでは一般的にハングルで表記しています。なお、日本語と違って、漢字には訓読みがなく音読みのみです。

❺ 用言の活用が豊富

韓国語も日本語と同じように動詞や形容詞の語尾が多様に変化します。

辞書形 먹다 食べる 좋다 よい	〜たいです 먹고 싶어요 −	〜です・ます 먹어요 좋아요	〜でした・ました 먹었어요 좋았어요	〜て 먹어서/먹고 좋아서/좋고

などのように活用します。

❻ 韓国語の品詞は全部で9つ

韓国語の品詞には、①名詞、②代名詞、③数詞、④冠形詞 (日本語の連体詞と同じく、あとに続く名詞などを修飾・限定する。例 새 옷〈新しい服〉、헌 책〈古い本〉)、⑤副詞、⑥助詞、⑦感嘆詞、⑧動詞、⑨形容詞があります。また、ほかに学校文法では品詞扱いされませんが、存在詞「있다 (いる、ある)、없다 (いない、ない)」、指定詞「-(이)다 (〜である)」というものもあります。

ハナと **サンウ**の

アンニョン ハ シム ニ ッカ
안녕하십니까?
こんにちは (おはようございます, こんばんは)。

アン ニョン ハ セ ヨ
안녕하세요?
こんにちは (おはよう ございます, こんばんは)。

チョ ウム ペッ ケッ スム ニ ダ
처음 뵙겠습니다.
初めまして。

チャル ブ タ カム ニ ダ
잘 부탁합니다.
よろしくお願いします。

1 2
3 4

キム サン ウ イム ニ ダ
김상우입니다.
キム・サンウです。

ハ ナ イェ ヨ
하나예요.
ハナです。

パン ガプ スム ニ ダ
반갑습니다!
(お会いできて) うれしいです。

パン ガ ウォ ヨ
반가워요!
(お会いできて) うれしいです。

韓国の
おもしろ
ことわざ
①

낫 놓고 기역자도 모른다

ナン ノ コ　キ ヨクッチャド　モ ルン ダ
낫 놓고 기역자도 모른다.

直訳 鎌をおいて「キヨク (ㄱ)」という字も知らない

類句 目に一丁字なし

解説 ハングルの「キヨク (ㄱ)」の字の形をしている鎌を前にしても、「ㄱ (キヨク)」という字
がわからない。物事の理に暗かったり、無知であったりすることのたとえ。

第2課 文字と発音Ⅰ 母音

2–1 基本母音

　ハングルの母音文字は 10 個の基本母音文字と、そこからできた 11 個の合成母音文字があります。表にまとめると次のようになります。

① 母音文字一覧　基本母音文字と合成母音文字

아	야	어	여	오	요	우	유	으	이
애	얘	에	예	와	왜	외	워	웨	위	의

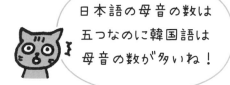

日本語の母音の数は五つなのに韓国語は母音の数が多いね！

韓国語の母音の数は「ヤ、ユ、ヨ」も入れて全部で21個あります！でも、とても覚えやすいので頑張りましょう！

② 韓国語と日本語の母音の対照

▶韓国語と日本語の母音の領域

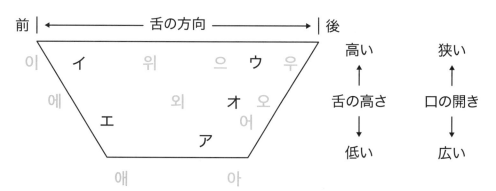

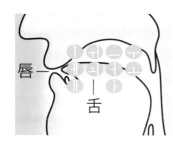

唇 — 舌

日本語の［オ］にあたる韓国語は
「오」と「어」の2つがあります！
［오］は唇をすぼめて、［어］は［オ］より
口をもっと大きく開ければいいですよ！

基本母音の文字を
しっかり覚えよう！

❸ 基本母音の発音のコツ

002

	母音 （単母音）	口構え	発音のコツ		母音 （y系二重母音）	発音のコツ
①	아 ［ア a］		「ア」より口を気持ち大きく開けて発音する	②	야 ［ヤ ya］	「ヤ」とほぼ同じく発音する
③	어 ［オ ɔ］		「ア」の口構えで［オ］と発音する	④	여 ［ヨ yɔ］	「ヤ」の口構えで［ヨ］と発音する
⑤	오 ［オ o］		唇を丸めて突き出し［オ］と発音する	⑥	요 ［ヨ yo］	唇を丸めて突き出し［ヨ］と発音する
⑦	우 ［ウ u］		唇を丸めて突き出し［ウ］と発音する	⑧	유 ［ユ yu］	唇を丸めて突き出し［ユ］と発音する
⑨	으 ［ウ ɯ］		「イ」の唇で［ウ］と発音する			
⑩	이 ［イ i］		唇を横に引いて［イ］と発音する			

「아 어 오 우」に
もう一つ点（画）がつくと
「야 여 요 유」に
なりますよ！

「아야」「어여」「오요」「우유」「으이」という
感じで二つずつ読むといいリズムになるね！

①	②	③	④	⑤	⑥	⑦	⑧	⑨	⑩
ア	ヤ	オ	ヨ	オ	ヨ	ウ	ユ	ウ	イ
[a]	[ya]	[ɔ]	[yɔ]	[o]	[yo]	[u]	[yu]	[ɯ]	[i]
아	야	어	여	오	요	우	유	으	이
ㅏ	ㅑ	ㅓ	ㅕ	ㅗ	ㅛ	ㅜ	ㅠ	ㅡ	ㅣ

「ㅇ」を書くときは
反時計回りに書くんだね！

「ㅇ」の上の点は書体によるものです。
なくても〇Kですよ！

練習2 ⌇⌇⌇⌇ 次の絵から読める文字を見つけてみましょう。

①
_____

②
_____

③
_____

④
_____

⑤
_____

練習3 ⌇⌇⌇⌇ 次のハングルを書いてみましょう。

①  오이 (きゅうり)
_____

②  아이 (子ども)
_____

③  우유 (牛乳)
_____

④  여우 (きつね)
_____

⑤  여유 (余裕)
_____

2-2 合成母音① 「애, 애, 에, 예」

1 母音文字一覧　合成母音①

아	야	어	여	오	요	우	유	으	이
애	애	에	예	와	왜	외	워 웨 위		의

　ハングルの合成母音字は 11 個で、上の表の下段にある「애, 애, 에, 예, 와, 왜, 외, 워, 웨, 위, 의」がそれです。

　合成母音字は文字通り、基本母音字に画を加えたり、二つの基本母音字を合成したりして創られた文字です。「애, 애, 에, 예」は、それぞれ「ㅏ + ㅣ = ㅐ」、「ㅑ + ㅣ = ㅒ」、「ㅓ + ㅣ = ㅔ」、「ㅕ + ㅣ = ㅖ」という具合に文字が創られました。

2 合成母音の発音のコツ

003

	ハングル	口構え	発音のコツ		ハングル	発音のコツ
①	애 [エ ε]		日本語の「エ」より口を少し広く開けて発音する	②	애 [イェ yε]	口を大きく開けてひと息に［イェ］と発音する
③	에 [エ e]		日本語の「エ」より口を気持ち小さく開けて発音する	④	예 [イェ ye]	口を小さく開けてひと息に［イェ］と発音する

①	②	③	④
エ	イェ	エ	イェ
[ε]	[yε]	[e]	[ye]
애	얘	에	예

近年は、「애[ε]」と「에[e]」の発音の違いがあいまいになっていますが、日本語の「エ」の発音でいいですよ！

練習2 ・・・ 次の絵から読める文字を見つけてみましょう。

①

_____

_____

②

_____

_____

③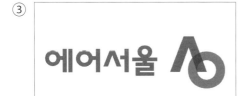

_____

_____

④

_____

_____

①  애（子ども）

_____

_____

②  얘（この子）

_____

_____

③  에이（A）

_____

_____

④  예（はい）

_____

_____

☕ **ひとやすみ**

「아 야 어 여（アヤオヨ）」の歌

「メリーさんの羊」のリズムで「아야어여」の歌を歌ってみましょう。

아 야 어 여 오　요　우 유 으　이

아 야 어 여 오　요　우 유 으　이

❶ 母音文字一覧　合成母音②

아	야	어	여	오			요	우			유	으	이
애	얘	에	예	와	왜	외		워	웨	위			의

　韓国語の母音の文字には「와 (ワ)」「왜 (ウェ)」「위 (ウィ)」などのような「ワ (Wa) 行の母音」があります。これらの文字はいずれも「오 (o)」や「우 (u)」と他の母音文字との合成から成り立ちます。

❷ ワ (Wa) 行母音の発音のコツ

🔊 005

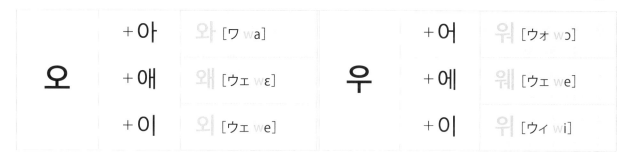

	+아	와 [ワ wa]			+어	워 [ウォ wɔ]
오	+애	왜 [ウェ wɛ]		우	+에	웨 [ウェ we]
	+이	외 [ウェ we]			+이	위 [ウィ wi]

「오＋아」が合体してできた「와」のように、母音の文字が二つダブってできたものは「W (ワ行の発音)」で発音が始まるんだね！

　「오＋아＝와」や「우＋어＝워」のように母音文字が「ダブる」ものは [W (ワ行)] の発音から始まりますよ〜ダブリュ！

　つまり「와」は「오＋아」の組み合わせで「ワ [wa]」、「워」は「우＋어」の組み合わせで「ウォ [wɔ]」という発音になります。

　ただし、「외」は「w＋i＝wi ウィ」でなく、「we ウェ」と発音します。
また、「왜」、「외」、「웨」はいずれも「ウェ」と発音すればOKです。

①	②	③	④	⑤	⑥
ワ [wa]	ウェ [wɛ]	ウェ [we]	ウォ [wɔ]	ウェ [we]	ウィ [wi]
와	왜	외	워	웨	위
ㅘ	ㅙ	ㅚ	ㅝ	ㅞ	ㅟ

練習2   次の絵から読める文字を見つけてみましょう。

①  ＿＿＿＿＿＿＿＿

②  ＿＿＿＿＿＿＿＿

③  ＿＿＿＿＿＿＿＿

④  ＿＿＿＿＿＿＿＿

⑤  ＿＿＿＿＿＿＿＿

⑥  ＿＿＿＿＿＿＿＿

　　　次のハングルを書いてみましょう。

①  위（上）

_____

②  와요（来ます）

_____

③  외워（覚えて）

_____

④  왜（なぜ？）

_____

⑤  웨이（ウェイ）

_____

MEMO

2—4 合成母音③ 「의」([ɰi ウィ])

① 母音文字一覧　合成母音③

아	야	어	여	오			요	우			유	으	이
애	얘	에	예	와	왜	외		워	웨	위		의	

　母音には、「으[ɰ]」と「이[i]」が組み合わさった「의[ɰi]」という文字があります。「으[ɰ]」と「이
[i]」を一気にすばやく発音します。

② 「의」の発音のコツ

🔊 006

의

[ɰi ウィ]

「의」は位置などによって3通りの発音があります。

位置	発音	例
① 語頭	[ウィ ɰi]	의사 (医師)、의자 (椅子)、의회 (議会)
② a)　二番目の音節以下	[イ i]	예의 (礼儀)、회의 (会議)、회의에 (会議に)
b)　子音＋ㅢ		희망 (希望)、무늬 (模様)
③ 助詞「～の」	[エ e]	아이의 우유 (子どもの牛乳)

例
　　　　② ③ ① ②
민주주의의 의의　民主主義の意義
　　　　イ エ ウィ イ
[이에 의이]

> 同じ文字なのに位置によって発音はいろいろと違うね。

練習1　　次の「의」の字を書いてみましょう。

의
[ウイ ɰi]　　의

練習2　　次の絵から読める文字を見つけてみましょう。

①

②

練習3　　次のハングルを書いてみましょう。

①

②

③

의외（意外）　　예의（礼儀）　　아이의（子どもの）

コ　マプ スム ニ ダ
고맙습니다.
ありがとうございます。

カム サ ハム ニ ダ
감사합니다.
ありがとうございます。

ミ ア ナム ニ ダ
미안합니다.
すみません。

チェ ソン ハム ニ ダ
죄송합니다.
申し訳ありません。
すみません。

1	2
3	4

ケンチャン スム ニ ッカ
괜찮습니까?
大丈夫ですか。

シル レ ヘッ スム ニ ダ
실례했습니다.
失礼しました。

ケン チャ ナ ヨ
괜찮아요.
大丈夫です。

チョン マ ネ ヨ
천만에요.
どういたしまして。

第3課 文字と発音Ⅱ 子音①

鼻音と流音、
平音、激音、濃音

　ハングルには「나, 도, 우, 버」などのように、子音文字の右や下に母音文字を組み合わせてできた文字があります。

나　도　우　버

ナ [na]　　ト [to]　　ウ [-u]　　ポ [pɔ]

チャレンジ!! ハングルの組み合わせ

　下の表の空欄に、ハングルを組み合わせて書いてみましょう。

子音 ＼ 母音	ㅏ [a]	ㅓ [ɔ]	ㅗ [o]	ㅜ [u]
ㄱ [k]	가			
ㄴ [n]		너		
ㄷ [t]			도	
ㄹ [r]				루
ㅇ [-]	아			
ㅂ [p]			보	

3—1　鼻音と流音　「ㄴ, ㅁ, ㄹ」

① 子音文字一覧　鼻音と流音

ㄱ	ㄴ	ㄷ	ㄹ	ㅁ	ㅂ	ㅅ	ㅇ*	ㅈ
ㅊ	ㅋ	ㅌ	ㅍ	ㅎ	ㄲ	ㄸ	ㅃ	ㅆ	ㅉ

　鼻音とは「ㄴ[n]」、「ㅁ[m]」のように呼気が鼻に抜ける音で、流音は「ㄹ[r]」のように舌先が軽く歯茎を弾く音です。

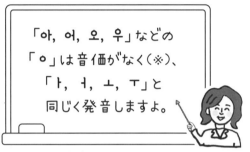

「아, 어, 오, 우」などの「ㅇ」は音価がなく(※)、「ㅏ, ㅓ, ㅗ, ㅜ」と同じく発音しますよ。

※音がないということ

② 鼻音と流音の名称と発音のコツ

008

	子音	名称	発音	発音のコツ	文字例
鼻音	ㄴ	니은 ニ ウン	[n]	「ナ」行の[n]とほぼ同じ	나 니 누 네 노 ナ ニ ヌ ネ ノ
鼻音	ㅁ	미음 ミ ウム	[m]	「マ」行の[m]とほぼ同じ	마 미 무 메 모 マ ミ ム メ モ
流音	ㄹ	리을 リ ウル	[r]	「ラ」行の[r]とほぼ同じ	라 리 루 레 로 ラ リ ル レ ロ

練習1　次のハングルを書いてみましょう。

		ㅏ [a]	ㅣ [i]	ㅜ [u]	ㅡ [ɯ]	ㅔ [e]	ㅐ [ɛ]	ㅗ [o]	ㅓ [ɔ]
①	ㄴ [n]	나 [ナ na]	니 [ニ ni]	누 [ヌ nu]	느 [ヌ nɯ]	네 [ネ ne]	내 [ネ nɛ]	노 [ノ no]	너 [ノ nɔ]
①②③	ㅁ [m]	마 [マ ma]	미 [ミ mi]	무 [ム mu]	므 [ム mɯ]	메 [メ me]	매 [メ mɛ]	모 [モ mo]	머 [モ mɔ]
①②③	ㄹ [r]	라 [ラ ra]	리 [リ ri]	루 [ル ru]	르 [ル rɯ]	레 [レ re]	래 [レ rɛ]	로 [ロ ro]	러 [ロ rɔ]

練習2　次の絵から読める文字を見つけてみましょう。

①  ＿＿＿＿＿＿

②  ＿＿＿＿＿＿

③  ＿＿＿＿＿＿

④  ＿＿＿＿＿＿

⑤  ＿＿＿＿＿＿

練習3　次のハングルを書いてみましょう。

① 

노래
（歌）

② 

어머니
（お母さん）

③ 

우리나라
（我が国）

④ 

누나
（姉）

⑤ 

메뉴
（メニュー）

⑥ 

무리
（無理）

3−2 平音（へいおん）「ㄱ, ㄷ, ㅂ, ㅅ, ㅈ」

❶ 子音文字一覧　平音

ㄱ	ㄴ	ㄷ	ㄹ	ㅁ	ㅂ	ㅅ	ㅇ	ㅈ	
ㅊ	ㅋ	ㅌ	ㅍ	ㅎ	ㄲ	ㄸ	ㅃ	ㅆ	ㅉ

ハングルは発音するときの息の強さなどによって、「平音」、「濃音」、「激音」と分類されます。「平音」には、「ㄱ, ㄷ, ㅂ, ㅅ, ㅈ」の5つがあり、発音するときはわずかな息しか出ません。

平音は語頭では濁らない音（無声音）ですが、語中では濁る音（有声音）になります。ただし、「ㅅ」はどこでも濁りません。

そして、「ㅅ」を除いた「ㄱ, ㄷ, ㅂ, ㅈ」は、日本語の「カタパチャ」行を気持ち弱めに発音すればいいです。

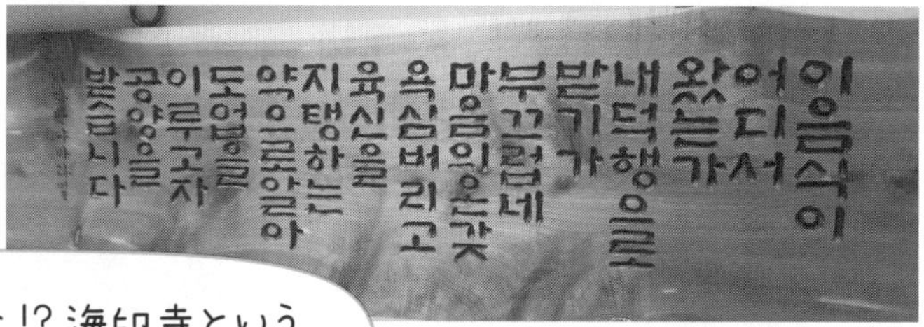

読める字はあるかな!? 海印寺という
お寺で撮ってきた写真ですよ。

🔊 **009**

> ここの「文字例」の発音（フリガナ）は語頭に来るときの発音ですよ。

	子音	名称	語頭		語中・語末		文字例
			発音	発音のコツ	発音	発音のコツ	
平音	ㄱ	キ ヨク 기역	[k]	「カ」行より気持ち弱めに発音する 가구（家具） 고기（肉）	[g]	「ガ」行とほぼ同じく発音する 가구 고기	カ キ ク ケ コ 가 기 구 게 고
	ㄷ	ティ グッ 디귿	[t]	「タ、テ、ト」の子音[t]より気持ち弱めに発音する 다도（茶道） 대두（大豆）	[d]	「ダ、デ、ド」の子音[d]とほぼ同じく発音する 다도 대두	タ ティ トゥ テ ト 다 디 두 데 도
	ㅂ	ピ ウプ 비읍	[p]	「パ」行より気持ち弱めに発音する 부부（夫婦） 바보（馬鹿）	[b]	「バ」行とほぼ同じく発音する 부부 바보	パ ピ プ ペ ポ 바 비 부 베 보
	ㅅ	シ オッ 시옷	[s]	「サ」行とほぼ同じく発音する 사이다（サイダー）　소리（音） 주스（ジュース）　가수（歌手）			サ シ ス セ ソ 사 시 수 세 소
			[ʃ]	ただし[i]［wi］［j］の前では[ʃ]と発音する 시소（シーソー）　스시（寿司）			
	ㅈ	チ ウッ 지읒	[ʧ]	「チャ」行より気持ち弱めに発音する 주주（株主） 조조（早朝）	[ʤ]	「ジャ」行とほぼ同じく発音する 주주 조조	チャ チ チュ チェ チョ 자 지 주 제 조

> 「디」と「두」はチャツとは違うよ！

	ㅏ [a]	ㅣ [i]	ㅜ [u]	ㅡ [ɯ]	ㅔ [e]	ㅐ [ɛ]	ㅗ [o]	ㅓ [ɔ]
① ㄱ↓ [k]	가 [カ ka]	기 [キ ki]	구 [ク ku]	그 [ク kɯ]	게 [ケ ke]	개 [ケ kɛ]	고 [コ ko]	거 [コ kɔ]
①②ㄷ [t]	다 [タ ta]	디 [ティ ti]	두 [トゥ tu]	드 [トゥ tɯ]	데 [テ te]	대 [テ tɛ]	도 [ト to]	더 [ト tɔ]
①ㅂ②③④ [p]	바 [パ pa]	비 [ピ pi]	부 [プ pu]	브 [プ pɯ]	베 [ペ pe]	배 [ペ pɛ]	보 [ポ po]	버 [ポ pɔ]
①ㅅ② [s,ʃ]	사 [サ sa]	시 [シ ʃi]	수 [ス su]	스 [ス sɯ]	세 [セ se]	새 [セ sɛ]	소 [ソ so]	서 [ソ sɔ]
①ㅈ② [ʧ]	자 [チャ ʧa]	지 [チ ʧi]	주 [チュ ʧu]	즈 [チュ ʧɯ]	제 [チェ ʧe]	재 [チェ ʧɛ]	조 [チョ ʧo]	저 [チョ ʧɔ]

発音のきまり　有声音化①

「구구」や「부부」などは
前後が同じ文字ですが、
最初の文字は「清音」、
二番目の文字は「濁音」に
なりますよ！

平音の「ㄱ, ㄷ, ㅂ, ㅈ」は、語頭では「[k] [t] [p] [ʧ]」と発音される
無声音（清音）ですが、母音に挟まると有声音（濁音）になります。

有声音化①

010

例	語頭	語中・語末	有声音化
구구〔九九〕	구구	구구	クグ [kugu]
부부〔夫婦〕	부부	부부	プブ [pubu]

ただし、平音のなかまである「ㅅ」は語頭でも語中でも
濁ることはなく、いつでも [s, ʃ] と発音されます。

스위스 [sɯwisɯ スウィス] スイス
시소 [ʃiso シーソ] シーソー

「ㅅ (s)」は語中でも
濁らないんだね！
濁らないっスか！

練習1　次の絵から読める文字を見つけてみましょう。

①
_____

②
_____

③
_____

④
_____

練習2 ─── 次のハングルを大きな声で読みながら書いてみましょう。

①  두부
（豆腐）

②  사자〔獅子〕
（ライオン）

③  거기
（そこ）

④  바다
（海）

⑤  시계
（時計）

発音のきまり

二重母音の単母音化

　合成母音の「ㅖ, ㅒ」は、発音としては二重母音ですが、「예, 얘, 례」以外の「계, 폐, 걔, 쟤」などの母音は［ㅔ, ㅐ］と単母音に発音することもできます。つまり、それぞれ「계 → 게, 폐 → 페, 걔 → 게, 쟤 → 재」という具合で、「시계」は［시게］と発音することもできます。

시계（시계［シギェ］／시게［シゲ］）時計 011

発音

3-3 激音 「ㅋ, ㅌ, ㅍ, ㅎ, ㅊ」

❶ 子音文字一覧　激音

ㄱ	ㄴ	ㄷ	ㄹ	ㅁ	ㅂ	ㅅ	ㅇ	ㅈ
ㅋ		ㅌ			ㅍ		ㅎ	ㅊ
ㄲ		ㄸ			ㅃ	ㅆ		ㅉ

❷ 激音の名称と発音のコツ

012

　次の表から分かるように「ㄱ, ㄷ, ㅂ, ㅇ, ㅈ」から激音を表す「ㅋ, ㅌ, ㅍ, ㅎ, ㅊ」ができました。激音は息を激しく出す音で有気音とも言われ、語中でも濁ることはありません。

> 「티」と「투」は「チ」や「ツ」とは違うよ！

	子音	名称	発音	発音コツ	文字例
激音	ㅋ	키읔	[kʰ]	激しく息を出しながら、「カ」行を発音する	카 キ ク ケ コ 카 키 쿠 케 코 카드（カード）　쿠키（クッキー）
	ㅌ	티읕	[tʰ]	激しく息を出しながら、「タ」行を発音する	タ ティ トゥ テ ト 타 티 투 테 토 타조（ダチョウ）　도토리（どんぐり）
	ㅍ	피읖	[pʰ]	激しく息を出しながら、「パ」行を発音する	パ ピ プ ペ ポ 파 피 푸 페 포 피아노（ピアノ）　아파트（マンション）
	ㅎ	히읗	[h]	「ハ」行とほぼ同じく発音する	ハ ヒ フ ヘ ホ 하 히 후 헤 호 하나（ひとつ）　오후（午後）
	ㅊ	치읓	[ʧʰ]	激しく息を出しながら、「チャ」行を発音する	チャ チ チュ チェ チョ 차 치 추 체 초 치마（スカート）　고추（唐辛子）

第3課　文字と発音Ⅱ　子音①　45

・激音を声に出して
　練習してみましょう。

바 [pa]　　파 [pʰa]

口の前にティッシュペーパーを
当てて音の出し方を確認
してみましょう！

練習1　　　次のハングルを書いてみましょう。

	ㅏ [a]	ㅣ [i]	ㅜ [u]	ㅡ [ɯ]	ㅔ [e]	ㅐ [ɛ]	ㅗ [o]	ㅓ [ɔ]
① ㅋ ② [kʰ]	카 [カ kʰa]	키 [キ kʰi]	쿠 [ク kʰu]	크 [ク kʰɯ]	케 [ケ kʰe]	캐 [ケ kʰɛ]	코 [コ kʰo]	커 [コ kʰɔ]
① ② ㅌ ③ [tʰ]	타 [タ tʰa]	티 [ティ tʰi]	투 [トゥ tʰu]	트 [トゥ tʰɯ]	테 [テ tʰe]	태 [テ tʰɛ]	토 [ト tʰo]	터 [ト tʰɔ]
① ② ㅍ ③ ④ [pʰ]	파 [パ pʰa]	피 [ピ pʰi]	푸 [プ pʰu]	프 [プ pʰɯ]	페 [ペ pʰe]	패 [ペ pʰɛ]	포 [ポ pʰo]	퍼 [ポ pʰɔ]
① ② ㅎ ③ [h]	하 [ハ ha]	히 [ヒ hi]	후 [フ hu]	흐 [フ hɯ]	헤 [ヘ he]	해 [ヘ hɛ]	호 [ホ ho]	허 [ホ hɔ]
① ② ㅊ ③ [ʧʰ]	차 [チャ ʧʰa]	치 [チ ʧʰi]	추 [チュ ʧʰu]	츠 [チュ ʧʰɯ]	체 [チェ ʧʰe]	채 [チェ ʧʰɛ]	초 [チョ ʧʰo]	처 [チョ ʧʰɔ]

　　　　次の絵から読める文字を見つけてみましょう。

① クーク다스 COUQUE D'ASSE
_____

② ♡부산♡ 토스트맛집 BEST1
_____

③ 카카오페이 됩니다. ●pay
_____

④ 카스 TERRA 테라 4 캔 만 원
_____

⑤ 야채백화점 261-5858 스포츠 토토 카페
_____

練習3　　　　次のハングルを書いてみましょう。

①  아파트 （マンション）
_____

②  스파게티 （スパゲティ）
_____

③  토마토 （トマト）
_____

④  주차 〔駐車〕
_____

⑤  커피 （コーヒー）
_____

① 子音文字一覧　濃音

ㄱ	ㄴ	ㄷ	ㄹ	ㅁ	ㅂ	ㅅ	ㅇ	ㅈ
ㅋ		ㅌ				ㅍ		ㅎ	ㅊ
ㄲ		ㄸ			ㅃ	ㅆ			ㅉ

　濃音の文字「ㄲ, ㄸ, ㅃ, ㅆ, ㅉ」は平音の文字「ㄱ, ㄷ, ㅂ, ㅅ, ㅈ」をもう一度書き並べて創りました。その音を「濃音」と言い、日本語の促音「ッ」より強い緊張を伴います。発音するときはのどを詰まらせて息を漏らさないように発音します。

② 濃音の名称と発音のコツ　013

「濃音」は文字も濃ければ、発音も濃いね！

	文字	名称	発音	発音のコツ	文字例
濃音	ㄲ	サンギヨク 쌍기역	[ˀk]	「까」は「アッカ」の「ッカ」に似た音	ッカ ッキ ック ッケ ッコ 까 끼 꾸 께 꼬
				しっかり　うっかり	꼬리 (しっぽ)　아까 (さっき)
	ㄸ	サンディグッ 쌍디귿	[ˀt]	「따」は「アッタ」の「ッタ」に似た音	ッタ ッティ ットゥ ッテ ット 따 띠 뚜 떼 또
				ばったり　まったり	따로 (別々に)　이따가 (後で)
	ㅃ	サンビウプ 쌍비읍	[ˀp]	「빠」は「アッパ」の「ッパ」に似た音	ッパ ッピ ップ ッペ ッポ 빠 삐 뿌 뻬 뽀
				やっぱり　さっぱり	빠르다 (速い)　뽀뽀 (キス)
	ㅆ	サンシオッ 쌍시옷	[ˀs, ˀʃ]	「싸」は「アッサ」の「ッサ」に似た音	ッサ ッシ ッス ッセ ッソ 싸 씨 쑤 쎄 쏘
				どっさり　あっさり	싸다 (安い)　아가씨 (お嬢様)
	ㅉ	サンジウッ 쌍지읏	[ˀʨ]	「짜」は「アッチャ」の「ッチャ」に似た音	ッチャ ッチ ッチュ ッチェ ッチョ 짜 찌 쭈 쩨 쪼
				ぽっちゃり　うっちゃり	짜다 (しょっぱい)　가짜 (偽物)

練習1 ─── 次のハングルを書いてみましょう。

	├ [a]	│ [i]	┬ [u]	─ [ɯ]	ㅔ [e]	ㅐ [ɛ]	ㅗ [o]	ㅓ [ɔ]
ㄲ [ˀk]	까 [ッカ ˀka]	끼 [ッキ ˀki]	꾸 [ック ˀku]	끄 [ック ˀkɯ]	께 [ッケ ˀke]	깨 [ッケ ˀkɛ]	꼬 [ッコ ˀko]	꺼 [ッコ ˀkɔ]
ㄸ [ˀt]	따 [ッタ ˀta]	띠 [ッティ ˀti]	뚜 [ットゥ ˀtu]	뜨 [ットゥ ˀtɯ]	떼 [ッテ ˀte]	때 [ッテ ˀtɛ]	또 [ット ˀto]	떠 [ット ˀtɔ]
ㅃ [ˀp]	빠 [ッパ ˀpa]	삐 [ッピ ˀpi]	뿌 [ップ ˀpu]	쁘 [ップ ˀpɯ]	뻬 [ッペ ˀpe]	빼 [ッペ ˀpɛ]	뽀 [ッポ ˀpo]	뻐 [ッポ ˀpɔ]
ㅆ [ˀs, ˀʃ]	싸 [ッサ ˀsa]	씨 [ッシ ˀʃi]	쑤 [ッス ˀsu]	쓰 [ッス ˀsɯ]	쎄 [ッセ ˀse]	쌔 [ッセ ˀsɛ]	쏘 [ッソ ˀso]	써 [ッソ ˀsɔ]
ㅉ [ˀʧ]	짜 [ッチャ ˀʧa]	찌 [ッチ ˀʧi]	쭈 [ッチュ ˀʧu]	쯔 [ッチュ ˀʧɯ]	쩨 [ッチェ ˀʧe]	째 [ッチェ ˀʧɛ]	쪼 [ッチョ ˀʧo]	쩌 [ッチョ ˀʧɔ]

次の絵から読める文字を見つけてみましょう。

①  _____

②  _____

③  _____

④  _____

⑤  _____

練習3 次のハングルを書いてみましょう。

①  까마귀
（カラス）
_____

②  또
（また）
_____

③  뽀뽀
（チュー）
_____

④  비싸다
（〈値段が〉高い）
_____

⑤  찌개
（鍋料理）
_____

3—5 子音文字の名称と辞書の並び順

❶ 子音文字の名称とその秘密

　アルファベットの「a、b、c…」にそれぞれ「エー、ビー、シー…」という名前があるように、「ㄱ, ㄴ, ㄷ…」などのハングルの子音文字もそれぞれ名前をもっています。

　例外もありますが、それぞれに定められたルールがあります。そして「おもしろい秘密 (?)」もあります。さっそく見ていきましょう。

> 子音の名前の初声と終声（パッチム）に子音が入っています。
>
> つまり、母音「ㅣ」の左側と「ㅇ」の下に
>
> その子音文字が入るルールがあり、その子音文字が表す音、
>
> すなわち、初声と終音の発音が入っています。
>
> その音を意識しながら読んだり聞いたりしてみましょう。

例 ㄴ (니은)

初声　　　終声

例 ㅂ (비읍)

初声　　　終声

子音　　　子音

> つまり、★の所にそれぞれの子音を入れたらいいんだね！子音文字の名称のおもしろい秘密がわかったぞ！

文字	名　称		文字	名　称	
ㄱ	기역※	キヨク	ㅋ	키읔	キウク
ㄴ	니은	ニウン	ㅌ	티읕	ティウッ
ㄷ	디귿※	ティグッ	ㅍ	피읖	ピウプ
ㄹ	리을	リウル	ㅎ	히읗	ヒウッ
ㅁ	미음	ミウム	ㄲ	쌍기역	サンギヨク
ㅂ	비읍	ピウプ	ㄸ	쌍디귿	サンディグッ
ㅅ	시옷※	シオッ	ㅃ	쌍비읍	サンビウプ
ㅇ	이응	イウン	ㅆ	쌍시옷	サンシオッ
ㅈ	지읒	チウッ	ㅉ	쌍지읒	サンジウッ
ㅊ	치읓	チウッ			

※ルールの例外：「ㄱ, ㄷ, ㅅ」の３つは前ページで紹介したルールの例外ですので覚えておきましょう！

つまり、
ㄱ（기윽 ✕「기역」○）、
ㄷ（디읃 ✕「디귿」○）、
ㅅ（시읏 ✕「시옷」○）
の３つだね！

❸ 辞書における単語の並び順

母音： ㅏ ㅐ ㅑ ㅒ ㅓ ㅔ ㅕ ㅖ ㅗ ㅘ ㅙ ㅚ ㅛ
　　　 ㅜ ㅝ ㅞ ㅟ ㅠ ㅡ ㅢ ㅣ

子音： ㄱ ㄲ ㄴ ㄷ ㄸ ㄹ ㅁ ㅂ ㅃ ㅅ ㅆ
　　　 ㅇ ㅈ ㅉ ㅊ ㅋ ㅌ ㅍ ㅎ

＊韓国語辞書の目次＊

가	갸	거	겨	고	교	구	규	그	기	ㄲ	ㄱ
나	냐	너	녀	노	뇨	누	뉴	느	니		ㄴ
다	댜	더	뎌	도	됴	두	듀	드	디	ㄸ	ㄷ
라	랴	러	려	로	료	루	류	르	리		ㄹ
마	먀	머	며	모	묘	무	뮤	므	미		ㅁ
바	뱌	버	벼	보	뵤	부	뷰	브	비	ㅃ	ㅂ
사	샤	서	셔	소	쇼	수	슈	스	시	ㅆ	ㅅ
아	야	어	여	오	요	우	유	으	이		ㅇ
자	쟈	저	져	조	죠	주	쥬	즈	지	ㅉ	ㅈ
차	챠	처	쳐	초	쵸	추	츄	츠	치		ㅊ
카	캬	커	켜	코	쿄	쿠	큐	크	키		ㅋ
타	탸	터	텨	토	툐	투	튜	트	티		ㅌ
파	퍄	퍼	펴	포	표	푸	퓨	프	피		ㅍ
하	햐	허	혀	호	효	후	휴	흐	히		ㅎ

韓国語辞書での
ハングルの並び順を
覚えると、知らない
ことばをすぐに
引けるようになります。
ぜひ覚えて
みましょう。

練習1　　次の単語を 例 のように、辞書の並び順に書いてみましょう！

例 나비, 우유, 가지 (가지 — 나비 — 우유)

① 바나나, 구두, 커피 (　　— 　　— 　　) ② 뽀뽀, 사이다, 어머니 (　　— 　　— 　　)

③ 라디오, 부부, 오후 (　　— 　　— 　　) ④ 주스, 두부, 노래 (　　— 　　— 　　)

☕ ひとやすみ

子音を歌で覚えましょう！ ハングルの子音を習うときや覚えるときは以下の順となります。

가 나 다 라 마 바 사 아 자 차 카 타 파 하

カナダラの歌　「きらきら星」に載せて「가나다라 カナダラ」の歌を歌ってみましょう。

가 나 다 라 마 바 사 아 자 차 카 타 파 하

가 나 다 라 마 바 사 아 자 차 카 타 파 하

가 나 다 라 마 바 사 아 자 차 카 타 파 하

가 나 다 라 마 바 사 아 자 차 카 타 파 하
カ ナ タ ラ マ パ サ ア チャ チャ カ タ パ ハ
[カ ナ ダ ラ マ バ サ ア ヂャ チャ カ タ パ ハ]

青の文字に注意！
青い文字は有声音
（濁音）に変わるよ！

ハナと
サンウの

016

電話口で

ヨ ボ セ ヨ
여보세요!
チョ   サン ウ イム ニ ダ
저, 상우입니다.

もしもし！　僕、サンウです。

ネ   ハ ナ イェ ヨ
네, 하나예요.

はい、ハナです。

食堂で

ヨ ギ ヨ
여기요!
プル ゴ ギ イ イン ブン
불고기 2인분
ジュ セ ヨ
주세요.

すみません！
プルゴギ2人前ください。

ネ   チャン カン マン ニョ
네, 잠깐만요.

はい、ちょっと待ってください。

1 2
3 4

食事のとき

マ シッ ケ   ドゥ セ ヨ
맛있게 드세요.

（おいしく召し上がってください。→）
ごゆっくりどうぞ。

チャル モッ ケッスム ニ ダ
잘 먹겠습니다.

いただきます。

食事のあと

チャル モ ゴッスム ニ ダ
잘 먹었습니다.

ごちそうさまでした。

マ シッ ソッ ソ ヨ
맛있었어요?

おいしかったですか？

ネ   マ シッ ソッ ソ ヨ
네, 맛있었어요.

はい、おいしかったです。

文字と発音Ⅲ　子音②
パッチム〈終声〉

　　ハングルには「子音＋母音＋子音」からなる、「간, 갈, 감, 강」などのように母音の下にもう一つの子音字がついたものがあります。その最後の子音字を「パッチム (받침)」、または「終声」と言います。

　　パッチムには「ㄸ, ㅃ, ㅉ」を除いた全ての子音字と、「ㄺ, ㄵ, ㄶ, ㅀ」などのような「二重パッチム」というものが用いられます。ところが、この全てのパッチムは「ㄱ, ㄴ, ㄷ, ㄹ, ㅁ, ㅂ, ㅇ」の7つに発音されます。これを表にまとめると次のようになります。

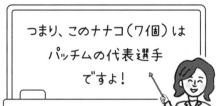

つまり、このナナコ（7個）は
パッチムの代表選手
ですよ！

パッチム一覧

発音	パッチム	例	
ㄱ [k]	ㄱ ㅋ ㄲ ㄳ ㄺ	책 부엌 밖	삯 흙
ㄴ [n]	ㄴ ㄵ ㄶ	눈 돈 문 산	앉다 많다
ㄷ [t]	ㄷ ㅌ ㅅ ㅆ ㅈ ㅊ ㅎ	곧 끝 옷 있다 낮 꽃 좋다	
ㄹ [l]	ㄹ ㄼ ㄽ ㄾ ㅀ	말 달 물　짧다 넓다	외곬 핥다 잃다
ㅁ [m]	ㅁ ㄻ	남 몸 밤 봄 짐 잠	삶
ㅂ [p]	ㅂ ㅍ ㅄ ㄿ	밥 입 집 앞 옆	값 없다 밟다
ㅇ [ŋ]	ㅇ	강 공 방 병	

4–1　鼻音と流音のパッチム　「ㄴ, ㅁ, ㅇ, ㄹ」

❶ パッチム文字一覧　鼻音と流音

ㄱ	ㄴ	ㄷ	ㄹ	ㅁ	ㅂ	ㅅ	ㅇ	ㅈ
ㅊ	ㅋ	ㅌ	ㅍ	ㅎ	ㄲ	ㅆ		

	パッチム	発音	発音のコツ	例
鼻音	ㄴ	[n]	「**안**」:「アンナ」と発音するときの [アン]	눈 (雪・目)、돈 (金)、문 (門)、산 (山)
	ㅁ	[m]	「**암**」:「アンマ」と発音するときの [アン]	김 (海苔)、몸 (体)、밤 (夜)、잠 (睡眠)
	ㅇ	[ŋ]	「**앙**」:「アンガ」と発音するときの [アン]	강 (川)、방 (部屋)、상 (賞)、빵 (パン)
流音	ㄹ	[l]	「**알**」: 舌先を上あごに軽くつけて発音する	굴 (牡蠣)、달 (月)、말 (馬)、술 (酒)

「ㄹ」パッチムのときは
[r] ではなく [l] で
発音しますよ。

練習1　次のハングルを書いてみましょう。

	아 [a]	이 [i]	우 [u]	으 [ɯ]	에 [e]	애 [ɛ]	오 [o]	어 [ɔ]
ㄴ [n]		인			엔		온	
ㅁ [m]	암			음				엄
ㅇ [ŋ]			웅			앵		
ㄹ [l]		일			엘			

発音のきまり

有声音化②

　鼻音と流音のパッチム「ㄴ, ㄹ, ㅁ, ㅇ」の次に平音「ㄱ (k)、ㄷ (t)、ㅂ (p)、ㅈ (ʧ)」などが続くと、この平音「ㄱ, ㄷ, ㅂ, ㅈ」は有声音化し、[ㄱ (g)、ㄷ (d)、ㅂ (b)、ㅈ (ʤ)]と発音されます。

　つまりパッチム「ㄴ, ㄹ, ㅁ, ㅇ」と母音の間に挟まれた「ㄱ, ㄷ, ㅂ, ㅈ」は濁ります。ただし、表記は変わりありません。

> **発音**
>
> # 불고기 （[プルコキ] → [プルゴギ]）　プルゴギ
>
> # 명동 （[ミョントン] → [ミョンドン]）　明洞
>
> **発音**

018

「プルゴギ」、「カルビ」というのは、要するに「有声音化」というものだね！

パッチム （鼻音・流音）	＋初声 （続く語ー平音）	有声音化	例
ㄴ ㄹ ㅁ ㅇ	ㄱ [k]	→ ㄱ [g]	만개 (満開)、얼굴 (顔)、남국 (南国)、 농구 (バスケットボール※)
	ㄷ [t]	→ ㄷ [d]	반대 (反対)、멀다 (遠い)、감독 (監督)、 상대 (相手)
	ㅂ [p]	→ ㅂ [b]	준비 (準備)、갈비 (カルビ)、 담보 (担保)、장부 (帳簿)
	ㅈ [ʧ]	→ ㅈ [ʤ]	안주 (おつまみ)、줄자 (巻き尺)、 잠자리 (トンボ)、상자 (箱)

※競技名。ボールを指すときは「농구공」と言う。

次の単語を 例 のように直して読んでみましょう。

例 갈비 カルビ ─（カルピ → カルビ）

① 군대 [軍隊] ─（クンテ → 　　　　　　）

② 일본 [日本] ─（イルポン → 　　　　　　）

③ 담배 たばこ ─（タムペ → 　　　　　　）

④ 감기〔感気〕風邪 ─（カムキ → 　　　　　　）

⑤ 간장 醤油 ─（カンチャン → 　　　　　　）

練習2 次の絵から読める文字を見つけてみましょう。

①

②

③

練習3 次のハングルを書いてみましょう。

①  만두
ギョウザ

②  담배
たばこ

③  일본
（日本）

④  경찰
（警察）

⑤ 신문
（新聞）

発音のきまり

連音化（リェゾン）

　パッチムの次に母音「ㅇ」で始まる文字が来ると、前のパッチムは次の音節の初声として発音されます。これを「連音化」と言います。表記は変わりません。

서울에 [서우레] （ソウルに）　　지짐이 [지지미] （チヂミ）

[sɔul e]　　[sɔure]　　　　[tʃidʒim i]　　[tʃidʒimi]

表記　　　発音　　　　　　　表記　　　　発音

019

　ただし、パッチムが「ㅇ」のときは連音化せずに発音します。

강아지 [강아지] （子犬）　　가방에 [가방에] （カバンに）

[kaŋ adʒi]　　[kaŋadʒi]　　　　[kabaŋ e]　　[kabaŋe]

表記　　　発音　　　　　　　表記　　　　発音

020

練習　　　　次の単語を 例 のように発音どおり書いて、読んでみましょう。

例 목요일（木曜日）—（ 모교일 — モギョイル ）

① 국어（国語）—（　　　—　　　）　　② 월요일（月曜日）—（　　　—　　　）

③ 몸이（体が）—（　　　—　　　）　　④ 집은（家は）—（　　　—　　　）

⑤ 손을（手を）—（　　　—　　　）　　⑥ 걸어요（歩きます）—（　　　—　　　）

4-2 平音・激音・濃音のパッチム

① パッチム　平音・激音・濃音

ㄱ	ㄴ	ㄷ	ㄹ	ㅁ	ㅂ	ㅅ	ㅇ	ㅈ
ㅊ	ㅋ	ㅌ	ㅍ	ㅎ	ㄲ	ㅆ		

「ㄱ, ㅋ, ㄲ」などのパッチムは息を出さずに発音するため閉鎖音になります。

② 平音のパッチムと発音のコツ

021

	パッチム	発音	発音のコツ	例
閉鎖音	ㄱ (ㅋ, ㄲ)	[ᵏ]	「악, 앜, 앆」：日本語で「アッカ」というときの[アッ]	책 (本)、밖 [박] (外)、부엌 [부억] (台所)
	ㄷ (ㅌ, ㅅ, ㅆ, ㅈ, ㅊ, ㅎ)	[ᵗ]	「앋, 앝, 앗, 았, 앚, 앛, 앟」：日本語で「アッタ」というときの [アッ]	곧 (すぐ)、꽃 [꼳] (花)、끝 [끋] (終わり)、낮 [낟] (昼)、옷 [옫] (服)、있다 [읻따] (ある)、좋다 [조타] (よい)
	ㅂ (ㅍ)	[ᵖ]	「압, 앞」：日本語で「アッパ」というときの [アッ]	밥 (飯)、입 (口)、집 (家)、앞 [압] (前)、옆 [엽] (横)

練習1　　　次のハングルを書いてみましょう。

	아 [a]	이 [i]	우 [u]	으 [ɯ]	에 [e]	애 [ɛ]	오 [o]	어 [ɔ]
ㄱ [ᵏ]		익				액	온	
ㄷ [ᵗ]			욷					얻
ㅂ [ᵖ]	압				엡			

練習2 次の絵から読める文字を見つけてみましょう。

① 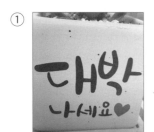   _____

②   _____

③   _____

④   _____

   _____

⑤   _____

練習3 次のハングルを書いてみましょう。

①  옷
（服）

_____

②  밥
（ご飯）

_____

③ 책
（本）

_____

④ 꽃집
（花屋）

_____

⑤ 숲（森）

_____

022

머리

몸 （体）
머리 （頭、髪）
얼굴 （顔）
이마 （額）
눈 （目）
눈썹 （眉毛）
코 （鼻）
귀 （耳）
입 （口）
입술 （唇）
이 （歯）
뺨 （頬）

목 （首・喉）
어깨 （肩）
가슴 （胸）
등 （背中）
배 （腹）
팔 （腕）
허리 （腰）
손 （手）
손가락 （手の指）
무릎 （膝）
다리 （脚）
발 （足）
발가락 （足の指）

ひとやすみ

カラダのなまえを歌で覚えましょう！　**カラダの歌** － 머리 어깨 무릎 발 －

023

머 리 어깨 무릎 발 무릎 발

머 리 어깨 무릎 발 무릎 발 － 무릎

머 리 어 깨 발 － 무릎 발

머 리 어깨 무릎 귀 코 귀

「あたま、かた、ひざ、あし」にのせて歌ってみましょう。

머리 어깨 무릎 발

4-4 二重パッチム

> 「二重パッチム」は
> 「パッチム」としてのみ
> 使われます。

① 二重パッチム文字一覧

ㄳ	ㄵ	ㄶ	ㄺ	ㄻ	ㄼ	ㅀ	ㄾ	ㄿ	ㅄ

② 二重パッチムとは？

　パッチムの中には「二重パッチム」というものがあります。「キョッパッチム（겹받침）」とも言います。この二重パッチムは表の「ㄳ, ㄵ, ㄺ, ㅄ…」のように二つの異なる子音文字を書き並べて創ったものです。

　そして、前で学んだように濃音「ㄲ, ㄸ, ㅆ, ㅃ, ㅉ」は同じ子音文字を書き並べて創った文字で、初声としても用いられますが、「二重パッチム」は名前のとおりパッチムとしてしか使われません。

③ 二重パッチムの読み方

🔊 024

　「二重パッチム」は２つの文字のうち、左か右の一つだけを読みます。しかし、「二重パッチム」の次に母音が続く場合は、２つのうち左側の子音文字をパッチムとして読み、右側の子音文字は後続する母音に連音させて読みます。

　これこそ二重パッチムが存在する大事な理由ですね！ 読み方はとても合理的でおもしろいです！

여덟 [여덜] 八つ

> 「二重パッチム」は、
> 左を読んだり、
> 右を読んだり！

닭 [닥] 鶏

発音

여덟이 [여덜비] 八つが

발 [닥] 鶏

발음

닭이 [달기] 鶏が

삶 → 삶
흙 → 흙

> 数字の20に似ている「ㄻ」、
> 数字の27に似ている「ㄺ」はパッチムの右側を
> 読めばいいですよ！つまり「삶」は[삼]、
> 「흙」は[흑]と読みます！！

発音	二重パッチム	二重パッチムの発音	
		単語単独のとき	助詞や語尾が続くとき
[ㄱ/k]	ㄺ	읽다 [익따*1] (読む)	읽어요 [일거요] (読みます) 읽고 [일꼬*2] (読んで) 읽겠습니다 [일께씀니다*2] (読みます)
		닭 [닥] (鶏)	닭이 [달기] (鶏が)
[ㄴ/n]	ㄳ	몫 [목] (分け前)	몫이 [목씨*1] (分け前が)
	ㄵ	앉다 [안따*1] (座る)	앉아요 [안자요] (座ります)
	ㄶ	많다 [만타*3] (多い)	많아요 [마나요*4] (多いです)
[ㄹ/l]	ㄼ	넓다 [널따*1] (広い)	넓어요 [널버요] (広いです)
		여덟 [여덜] (八つ)	여덟이 [여덜비] (八つが)
	ㄽ	외곬 [외골] (一筋)	외곬으로 [외골쓰로*1] (一筋で)
	ㄾ	핥다 [할따*1] (なめる)	핥아요 [할타요] (なめます)
	ㅀ	싫다 [실타*3] (嫌だ)	싫어요 [시러요*4] (いやです)
[ㅁ/m]	ㄻ	젊다 [점따*1] (若い) 삶 [삼] (生)	젊어요 [절머요] (若いです) 삶이 [살미] (人生が)
[ㅂ/p]	ㅄ	값 [갑] (値段) 없다 [업따*1] (無い)	값이 [갑씨*1] (値段が) 없어요 [업써요*1] (ありません)
	*ㄼ	밟다 [밥따*1] (踏む)	밟아요 [발바요] (踏みます)
	ㄿ	읊다 [읍따*1] (詠む)	읊어요 [을퍼요] (詠みます)

> 「밟다」は [발따] ではなく [밥따] と発音します。

*1 前のパッチムの影響で濃音化するもの。
*2 「ㄱ」が続く場合は、左の [ㄹ] を読む。
*3 「ㅎ」と「다」が合わさったときは「타」と読む。
*4 「ㅎ」と「아/어」が合わさったときは、「ㅎ」は発音しない。

例 삶 / 삶이 (人生 / 人生が) ― [삼 / 살미]

① 여덟 / 여덟이 (八つ / 八つが) ― [　　　　 / 　　　　]

② 몫 / 몫이 (分け前 / 分け前が) ― [　　　　 / 　　　　]

③ 값 / 값은 (値段 / 値段は) ― [　　　　 / 　　　　]

④ 흙 / 흙을 (土 / 土を) ― [　　　　 / 　　　　]

⑤ 앉아요 (座ります) ― [　　　　]

⑥ 없어요 (ありません) ― [　　　　]

ひとやすみ

● 次はどんな店でしょうか？

3F 네일헤몬 Gelnail & Pedicure	3F 왁싱&에스테틱 Beautyplanner	2F 온세 ICC Construction Company	2F 내자리 FC Franchise Headquarter
2F 센트럴 치과 Orthodontic Dental Clinic	2F 내 자 리 Biz n Study Cafe	2F 메 디 센 Medicen Co., Ltd	1F 컴포즈 커피 Compose Coffee
1F Urban Coffee specialty coffee roasters	1F 덕자네 방앗간 Rice Tteokbokki	1F 밝은 약국 Pharmacy	1F CU 편의점 Convenience Store
B1 남서울 아바이 순대 Sundae Shop	B1 한감지 식당 Bef Rib, Meat & Stock	B1 위대한 밥상 영광 Yellow Corvina Dinner Set	B1 미스터 왕왕 직화구이전문

「식당」は
食堂だね！

簡単フレーズ❹　お出かけとお別れなどのあいさつ

026

ゲストハウスで

タニョオ ゲッスムニダ
다녀오겠습니다.
行ってきます。

アンニョンイ ジュ ム セ ヨ
안녕히 주무세요.
お休みください。

タニョオ セ ヨ
다녀오세요.
行っていらっしゃい。

スゴハセヨ
수고하세요.
お疲れ様です。

シンセ マナッスムニダ
신세 많았습니다.
お世話になりました。

アンニョンイ ゲ セ ヨ
안녕히 계세요.
さようなら。
（その場に残る人に対して）

ト オ セ ヨ
또 오세요!
また、いらしてください。

アンニョンイ ガ セ ヨ
안녕히 가세요.
さようなら。
（立ち去る人に対して）

1 次の単語を発音しながら書いてみましょう。　🔊 027

① 아이 (子ども) (　　　　　)　② 우아 (優雅) (　　　　　)

③ 오이 (きゅうり) (　　　　　)　④ 이유 (理由) (　　　　　)

⑤ 여우 (キツネ) (　　　　　)　⑥ 여유 (余裕) (　　　　　)

⑦ 우유 (牛乳) (　　　　　)　⑧ 유아 (幼児) (　　　　　)

2 次の単語を発音しながら書いてみましょう。　🔊 028

① 왜 (なぜ) (　　　　　)　② 외워요 (覚えます) (　　　　　)

③ 위 (上) (　　　　　)　④ 에어 (エア) (　　　　　)

⑤ 와요 (来ます) (　　　　　)　⑥ 의의 (意義) (　　　　　)

⑦ 예의 (礼儀) (　　　　　)　⑧ 이외 (以外) (　　　　　)

3 音声をよく聞いて、該当する単語を選んでください。　🔊 029

1) ① 왜요? (　　　　　)　② 와요? (　　　　　)

2) ① 예의 (　　　　　)　② 이외 (　　　　　)

3) ① 에어 (　　　　　)　② 오이 (　　　　　)

4) ① 의의 (　　　　　)　② 의외 (　　　　　)

4 音声をよく聞いて、該当する文字を選んでください。　030

1) ① 고 (　　　　) 　　② 코 (　　　　) 　　③ 꼬 (　　　　)

2) ① 다 (　　　　) 　　② 타 (　　　　) 　　③ 따 (　　　　)

3) ① 주 (　　　　) 　　② 추 (　　　　) 　　③ 쭈 (　　　　)

4) ① 버 (　　　　) 　　② 퍼 (　　　　) 　　③ 뻐 (　　　　)

5 次の単語を発音しながら書いてみましょう。　031

1) ① 개 (犬)_____ 　　② 깨 (ごま)_____

2) ① 밤 (夜)_____ 　　② 방 (部屋)_____ 　　③ 빵 (パン)_____

3) ① 커피 (コーヒー)_____ 　　② 코피 (鼻血)_____

4) ① 발 (足)_____ 　　② 팔 (腕)_____

5) ① 자다 (寝る)_____ 　　② 차다 (冷たい)_____ 　　③ 짜다 (しょっぱい)_____

6 次の単語を発音しながら書いてみましょう。　032

① 가구 (家具)_____ 　　구두 (靴)_____ 　　두부 (豆腐)_____

② 사자 (ライオン)_____ 　　자치 (自治)_____ 　　치즈 (チーズ)_____

③ 주주 (株主)_____ 　　주차 (駐車)_____ 　　차도 (車道)_____

④ 코피 (鼻血)_____ 　　피리 (笛)_____ 　　리본 (リボン)_____

⑤ 본사 (本社)_____ 　　사회 (社会)_____ 　　회사 (会社)_____

⑥ 사장 (社長)_____ 　　장미 (バラ)_____ 　　미래 (未来)_____

7 音声をよく聞いて次の単語を完成させてみましょう。 🔊 033

① (　　　　)구　　　　　② (　　　　)머니

③ (　　　　)다　　　　　④ (　　　　)싸다

⑤ (　　　　)상　　　　　⑥ 불(　　　　)기

⑦ 일(　　　　)　　　　　⑧ (　　　　)울

⑨ 가(　　　　)　　　　　⑩ (　　　　)억

⑪ (　　　　)름　　　　　⑫ (　　　　)썹

⑬ 가(　　　　)　　　　　⑭ (　　　　)술

⑮ (　　　　)가락

8 次の単語を発音通り書いてみましょう。 🔊 034

例 닭이 (鶏が) [달기]

① 악어 (ワニ) [　　　　　　　] 　 ② 발음 (発音) [　　　　　　　]

③ 여덟이 (八つが) [　　　　　　] 　 ④ 흙이 (土が) [　　　　　　]

⑤ 넓어요 (広いです) [　　　　　] 　 ⑥ 밟아요 (踏みます) [　　　　　]

⑦ 젊어요 (若いです) [　　　　　] 　 ⑧ 안아요 (抱きます) [　　　　　]

⑨ 앉아요 (座ります) [　　　　　] 　 ⑩ 읽어요 (読みます) [　　　　　]

9 次の単語を読みながら日本語に訳してみましょう。

① 오이 _____

② 두부 _____

③ 아버지 _____

④ 여동생 _____

⑤ 책 _____

⑥ 값 _____

⑦ 산 _____

⑧ 얼굴 _____

⑨ 다리 _____

⑩ 없다 _____

10 次の単語を韓国語に訳してみましょう。

① コーヒー _____

② 妹 _____

③ 祖母 _____

④ 時計 _____

⑤ 足 _____

⑥ 本 _____

⑦ 花 _____

⑧ 頭 _____

⑨ 夜 _____

⑩ 読む _____

月　　日（　　　　）

月　　日（　　　　）

月　　日（　　　　）

月　　日（　　　　）

ひとりでゆっくり
韓国語入門

第2部

会話と文法

— 初歩の初歩から会話まで —

第1課 저는 일본 사람입니다.
私は日本人です。

自己紹介をする

037

❶ 상우 : 안녕하세요? 일본 분입니까?

❷ 하나 : 네, 저는 일본 사람입니다.

❸ 상우 : 서울은 처음입니까?

❹ 하나 : 네, 처음입니다.

❺ 상우 : 저분은 친구입니까?

❻ 하나 : 아뇨, 우리 오빠입니다.

・일본 분입니까 [일본뿐님니까]

・사람입니다 [사라밈니다]

・서울은 [서우른]

・처음입니까 [처으밈니까]

・처음입니다 [처으밈니다]

・저분은 [저부는]

・친구입니까 [친구임니까]

① 안녕하세요？：こんにちは、일본〔日本〕日本、−분：〜の方、
－입니까？：〜ですか

② 네：はい、저：私（わたし）、−는：〜は、사람：人、
－입니다：〜です

③ 서울：ソウル、−은：〜は

④ 처음：初めて

⑤ 저분：あの方、친구〔親旧〕：友だち

⑥ 아뇨（←아니요）：いいえ、우리：私（の）、私たち（の）、
오빠：兄、お兄さん（妹から兄を呼ぶとき）

● 日本語訳 ●

① サンウ：こんにちは！　日本の方ですか。

② ハ　ナ：はい、私は日本人です。

③ サンウ：ソウルは初めてですか。

④ ハ　ナ：はい、初めてです。

⑤ サンウ：あの方は友だちですか。

⑥ ハ　ナ：いいえ、私の兄です。

1-1　-은／는 : ～は

パッチムのある語には「-은」、ない語には「-는」をつけます。

책은　本は　　　**노트**는　ノートは

パッチム（有）　　パッチム（無）

パッチムがあれば「-은」
なければ「-는」だね！

Point ◀ 助詞 -은／는 ▶

～は	パッチム（有）	-은	本は 책은
	パッチム（無）	-는	ノートは 노트는

例
- 안경（眼鏡）→ 안경은
- 사과（りんご）→ 사과는
- 연필（鉛筆）→ 연필은
- 커피（コーヒー）→ 커피는

練習　　次の語を 例 のように直してみましょう。

例 김치（キムチ）	김치는（キムチは）	가방（かばん）	
신문（新聞）		우유（牛乳）	
회사원（会社員）		불고기（焼肉）	

1-2 −입니다／입니까？：〜です/ですか

名詞などの体言の後ろに「−입니다」、「−입니까?」をつけると「〜です」、「〜ですか」の意味になります。

학생이다 ／ 학생입니다 ／ 학생입니까?
学生だ　　　　　　　学生です　　　　　　　学生ですか

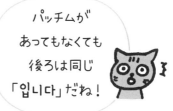

パッチムが
あってもなくても
後ろは同じ
「입니다」だね！

Point ◁ 指定詞 −입니다／입니까？ ▷

〜です 〜ですか	パッチム（有）	−입니다 −입니까?	책입니다　本です 책입니까?　本ですか
	パッチム（無）		노트입니다　ノートです 노트입니까?　ノートですか

例
- 주부 （主婦） → 주부입니다 / 주부입니까?
- 프랑스 사람 （フランス人） → 프랑스 사람입니다 / 프랑스 사람입니까?
- 공무원 （公務員） → 공무원입니다 / 공무원입니까?
- 한국 사람 （韓国人） → 한국 사람입니다 / 한국 사람입니까?

 練習　　　　次の語を 例 のように直してみましょう。

例 김치 （キムチ）	김치입니까? （キムチですか）	김치입니다 （キムチです）
＊미국 사람 （アメリカ人）		
호텔 （ホテル）		
노래 （歌）		

＊世界の国々（p.119）

答えるとき、「はい」は「네」、または「예」、「いいえ」は「아뇨」です。「네」と「예」、また、「아뇨」はいずれも丁寧な表現で、目下の人にはあまり使いません。

네／예   아뇨 (← 아니요)

はい   いいえ

> 友だち同士や目下には「응」を使うのか！

Point ◀ 네／예：はい、아뇨：いいえ ▶

はい	네	一般的に使う。
	예	かしこまった場合に使う。
いいえ	아뇨	「아니요」の縮約した形で、日常よく使う。

練習 　次の文をそれぞれ日本語と韓国語に訳してみましょう。

① 네, 비즈니스호텔입니다.

② 아뇨, 신문입니다.

③ はい、今日は子どもの日です。

1-4 이 : この、그 : その、저 : あの、어느 : どの

自分に近いものは「이（この）」、相手に近いものは「그（その）」、両方から遠いものは「저（あの）」を使います。なお、両者がすでに知っていることについては「저（あの）」ではなく、「그（その）」を使います。

Point ◀ 指示詞 이／그／저／어느 ▶

この	その	あの	どの
이	그	저	어느

練習1 「이／그／저／어느」を使って空欄を埋めましょう。

名詞 ＼ 指示詞	この	その	あの	どの
주스（ジュース）	이 주스			어느 주스
가방（かばん）		그 가방		
호텔（ホテル）			저 호텔	

練習2 次の文を日本語に訳してみましょう。

① 가 : 이 노트는 영어 노트입니까? (영어 : 英語)

　　나 : 네, 그 노트는 영어 노트입니다.

② 가 : 저 가방은 스즈키 씨 가방입니까?

　　나 : 네, 저 가방은 스즈키 씨 가방입니다.

1-5 「〜の」の省略

韓国語では名詞と名詞を「〜の」にあたる「-의」でつなぐとき、助詞「-의」を省略する場合が多いです。

部屋の中　방의안　➡　방 안

名詞と名詞をつなぐとき、
「〜の」にあたる「-의」を
省くことが多いです！

練習　例のように直してみましょう。

例　部屋の中 → 방 안

① ホテルの前（ホテル 호텔、前 앞）→

② テーブルの上（テーブル 테이블、上 위）→

③ 子どもの日（子ども 어린이、日 날）→

1-6 家族の名称

家族の名称は日本語と似て非なるところがあり、兄や姉は弟と妹とによって名称や呼び方が異なります。

お父さん	お母さん	兄		姉		弟	妹
アボジ 아버지	オモニ 어머니	ヒョン 형〔兄〕*	オッパ 오빠	ヌナ 누나	オンニ 언니	トンセン 동생〔同生〕*	

＊〔　〕は漢字由来のことば

あえて弟か妹かを区別するときは、남동생〔男同生〕、
여동생〔女同生〕という表現を使います。

	兄	姉	息子	娘	家内	夫
弟から	형 (ヒョン)	누나 (ヌナ)	아들	딸	아내/처 〔妻〕	남편 〔男便〕
妹から	오빠 (オッパ)	언니 (オンニ)				

弟・妹、友達などを呼ぶとき、
パッチムのある名前＋아（例：용준아！ 보검아！）
パッチムのない名前＋야（例：지수야！ 사나야！）
となります！

1　次の文を日本語に訳してみましょう。

（1）안녕하세요? 한국 분입니까?

　　　→ _____

（2）아뇨, 미국 사람입니다.

　　　→ _____

（3）부산은 처음입니까?（부산 釜山：プサン）

　　　→ _____

（4）그분은 아버지입니까?

　　　→ _____

（5）네, 이 노트는 한국어 노트입니다.

　　　→ _____

2　次の文を韓国語に訳してみましょう。

（1）あのジュースはオレンジジュースです。（オレンジジュース：오렌지주스）

　　　→ _____

（2）このかばんは弟のカバンですか。

　　　→ _____

（3）お母さんは主婦ですか。（主婦：주부）

　　　→ _____

（4）はい、うちの姉です。

　　　→ _____

（5）いいえ、韓国の新聞です。

　　　→ _____

3 次の質問に韓国語で答えましょう。

（1）일본 분입니까?

→ _____

（2）저 책은 한국어 책입니까?

→ _____

（3）그 과일은 참외입니까?（과일：果物、참외：まくわうり）

→ _____

（4）이 우유는 바나나우유입니까?

→ _____

（5）이 사람은 동생입니까?

→ _____

ことばのマダン 말 마당 ①

職業など
직업 등

🔊 039

学生	歌手	俳優	タレント	弁護士	記者	銀行員
ハクセン	カス	ペ ウ	テル ロン トゥ	ピョノ サ	キ ジャ	ウ ネンウォン
학생	가수	배우	탤런트	변호사	기자	은행원

先生	医師	看護師	薬剤師	警察官	会社員	公務員
ソンセンニム	ウイ サ	カノ サ	ヤク サ	キョンチャルグァン	フェ サ ウォン	コン ム ウォン
선생님	의사	간호사	약사	경찰관	회사원	공무원

안경집은 어디에 있어요?
めがね屋はどこにありますか。

買い物 －めがねを買う

040

❶ 하나 : 저기요! 안경집은 어디에 있어요?

❷ 행인 : 남대문시장 안에 있습니다.

안경집에서

❸ 점원 : 어서오세요. 여러가지 안경이 있어요.

❹ 하나 : 선글래스는 없습니까?

❺ 점원 : 여기 있습니다. 이거 진짜 멋있어요.

❻ 하나 : 정말 멋있네요.

- 안경집은 [안경찌븐]
- 있어요 [이써요]
- 안에 [아네]
- 있습니다 [일씀니다]
- 없습니까 [업씀니까]
- 멋있어요 [머씨써요]
- 멋있네요 [머신네요]

語彙・表現

① 저기요 : すみません（近くの人を呼ぶときに使う）、안경집〔眼鏡—〕: めがね屋、어디 : どこ、-에 : ～に、있어요? : ありますか（「있다 ある」の丁寧な疑問形）

② 남대문시장〔南大門市場〕: ナンデムンシジャン（ソウル所在）、안 : 中、-에 : ～に、있습니다 : あります（「있다 ある」の丁寧形）

③ 어서 오세요 : いらっしゃいませ、여러가지 : いろいろ、-이 : ～が

④ 선글래스 : サングラス、없습니까? : ありませんか（「없다 ない」の丁寧な疑問形）

⑤ 여기 : ここ（に）、이거（←이것）: これ、여기 있습니다 : はい、どうぞ（←直 ここにあります）、진짜 : 本当に、멋있어요 : すてきです（「멋있다（すてきだ）」の丁寧形）

⑥ 정말 : 本当に、-네요 : ～ですね

● 日本語訳 ●

① ハ　ナ : すみません！　めがね屋はどこにありますか。

② 通行人 : 南大門市場の中にあります。

めがね屋で

③ 店　員 : いらっしゃいませ。いろんな眼鏡があります。

④ ハ　ナ : サングラスはありませんか。

⑤ 店　員 : はい、どうぞ。これは本当にすてきですよ。

⑥ ハ　ナ : 本当にすてきですね。

2-1 -이/가 : ～が

「～が」にあたる助詞は「-이」と「-가」があります。前の文字に
パッチムがあるときは「-이」、ないときは「-가」を使います。

<u>책</u>이 本が　　　　<u>노트</u>가 ノートが
パッチム（有）　　　　パッチム（無）

Point ◀ 助詞 -이/가 : ～が ▶

～が	パッチム（有）	-이	책이 本が
	パッチム（無）	-가	노트가 ノートが

例　・밥（ご飯）→ 밥이　　　　・우산（傘）→ 우산이
　　・커피（コーヒ）→ 커피가　　・홍차（紅茶）→ 홍차가

練習1　　次の語を 例 のように直してみましょう。

例 노트（ノート）	노트가（ノートが）	가방（かばん）	
눈（雪）		주스（ジュース）	
비（雨）		노래（歌）	
비빔밥（ビビンバ）		우유（牛乳）	

練習2　　（　　　）の中に適語を書き入れなさい。

① 한국（　　　　　）있어요?　韓国の<u>友だちが</u>いますか。

② （　　　　　）요리사입니까?　<u>お父さんが</u>調理師ですか。

③ （　　　　　）없어요.　<u>カバンが</u>ありません。

2–2 여기：ここ、거기：そこ、저기：あそこ、어디：どこ

「여기／거기／저기」は、指示代名詞です。話し手から近い場所を示すときは「여기」、聞き手から近い場所を示すときは「거기」、話し手と聞き手から遠い場所を示す場合は「저기」を使います。なお、両者がすでに知っている場所については「거기」を使います。

Point ◁ 指示代名詞 여기 ここ、거기 そこ、저기 あそこ、어디 どこ ▷

指示代名詞　　　助詞	ー가	ー는	ー를
여기 ここ	여기가 ここが	여기는 ここは	여기를 ここを
거기 そこ	거기가 そこが	거기는 そこは	거기를 そこを
저기 あそこ	저기가 あそこが	저기는 あそこは	저기를 あそこを
어디 どこ	어디가 どこが	ー	어디를 どこを

練習 ⊱⋯⋯ （　　　）の中に適語を書き入れなさい。

① (　　　　) 우리 학교입니다.　<u>ここは</u>私たちの学校です。

② (　　　　) 그 가게입니까?　<u>どこが</u>その店ですか。

③ (　　　　) 어디입니까?　<u>あそこは</u>どこですか。

第2課 めがね屋はどこにありますか。　| 87

　日本語の場合、人や動物がいる場合は「いる」、物がある場合は「ある」を使いますが、韓国語はいずれも「있다」を使います。また、「いない」「ない」は「없다」です。「있다」を丁寧な形に直すと「있습니다」、「없다」は「없습니다」になります。なお、疑問形は「있습니까?」「없습니까?」です。このような丁寧な形を「합니다 体」と言います。(5-5 を参照)

「ある」も「いる」も「있다」、「ない」も「いない」も「없다」か。簡単だね！

Point ◀ あります・います : 있습니다 ▶　◀ ありません・いません : 없습니다 ▶

日本語	韓国語	例
あります	있습니다	숙제가 있습니다 (宿題があります)
います		형이/오빠가 있습니다 (兄がいます)
ありますか	있습니까?	숙제가 있습니까? (宿題 がありますか)
いますか		형이/오빠가 있습니까? (兄がいますか)
ありません	없습니다	숙제가 없습니다 (宿題がありません)
いません		형이/오빠가 없습니다 (兄がいません)
ありませんか	없습니까?	숙제가 없습니까? (宿題がありませんか)
いませんか		형이/오빠가 없습니까? (兄がいませんか)

練習 次の文をそれぞれ日本語と韓国語に訳してみましょう。

① 지금 돈이 없습니다. (지금：今、돈：お金)

② 오늘 약속이 있습니까? (오늘：今日、약속：約束)

③ 週末に時間ありますか。(週末：주말)

韓国語の場合、「ある」も「いる」も「있다」、「ない」も「いない」も「없다」と言います。また、その丁寧な「합니다体」は「있습니다」「없습니다」でしたね。

また、「있다」、「없다」のもう一つの丁寧な形に「있어요」、「없어요」という「해요体」があります。

なお、疑問形は「있어요?」、「없어요?」で、尻上りで発音します。

Point ◀ 있어요(?) : あります・います（か）／없어요(?) : ありません・いません（か）▶

日本語	韓国語	例
あります（か）	있어요(?)	시간이 있어요(?)　（時間があります〈か〉）
います（か）		친구가 있어요(?)　（友だちがいます〈か〉）
ありません（か）	없어요(?)	시간이 없어요(?)　（時間がありません〈か〉）
いません（か）		친구가 없어요(?)　（友だちがいません〈か〉）

練習 次の文をそれぞれ日本語と韓国語に訳してみましょう。

① 한국어 책이 있어요?

② 여동생이 없어요.

③ 日本のお金はあります。（ お金 : 돈 ）

時間的・空間的な位置や範囲を示す「～に」にあたる韓国語は「-에」です。これはパッチムがあってもなくても同じです。なお、人や動物の場合は「-에게」を使います。

책에　本に　　　**노트**에　ノートに

パッチム（有）　　パッチム（無）

人や動物には「에」を
使わず、「에게」を使いますよ！
例 친구에게 주고 싶어요.
（友達にあげたいです。）

Point ◀ 助詞 -에 : ～に ▶

| ～に | パッチム（有） | -에 | 서울에 （ソウルに）　아침에 （朝〈に〉） |
| | パッチム（無） | | 도쿄에 （東京に）　오후에 （午後〈に〉） |

練習1　例のように直してみましょう。

例 역 （駅）	역에 （駅に）	집 （家）	
면세점 （免税店）		사우나 （サウナ）	
저녁 （夕方）		오전 （午前）	

練習2　（　　）の中に適語を書き入れなさい。

① 회사는 （　　　） 있습니다.　会社はソウルにあります。

② 학교는 （　　　） 있습니까?　学校はどこにありますか。

③ （　　　　） 약속이 있습니다.　午後に約束があります。

-이네요/네요 : ～ですね

確認や感嘆を表す「～ですね」は、パッチムがあれば「-이네요」、なければ「-네요」です。

책이네요　本ですね　　　**노트**네요　ノートですね

パッチム（有）　　　　　パッチム（無）

Point ◁ 感嘆・確認 -이네요/네요 : ～ですね ▷

～ですね	パッチム（有）	**-이네요**	책이네요　（本ですね）
	パッチム（無）	**-네요**	노트네요　（ノートですね）

例　・서점（本屋）→ 서점이네요　　　・커피숍（コーヒーショップ）→ 커피숍이네요
　　・슈퍼（スーパー）→ 슈퍼네요　　　・회사（会社）→ 회사네요

練習1　　次の語を 例 のように直してみましょう。

例 김치（キムチ）　김치네요（キムチですね）　　가족사진（家族写真）

사과（りんご）　　　　　　　　　　　　　　여권（パスポート）

배（梨）　　　　　　　　　　　　　　　　　엔（円）

練習2　　次の文をそれぞれ日本語と韓国語に訳してみましょう。

① 교통카드네요.（교통카드：交通カード）

② 오늘은 일요일이네요.（오늘：今日、일요일：日曜日）

③ 新しいカバンですね。（新しい：새、カバン：가방）

2-7 位置や場所を表すことば

「～の前」や「～の後」などのように位置や場所を表すときは、助詞「의（の）」を用いず，前の単語と分かち書きして並べるのが普通です。

 ◀ 位置を表すことば ▶

041

上	下	前	後ろ	横	左	右	中、内	外
위	아래	앞	뒤	옆	왼쪽	오른쪽	안	밖
위아래（上下）		앞뒤（前後）		－	좌우（左右）		안팎（内外）	

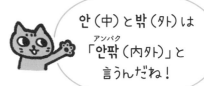

안（中）と 밖（外）は「안팎（内外）」と言うんだね！

◯ 練習 ⋯⋯ 次の下線部に適当な語を入れて言ってみましょう。

① 역 ＿＿＿ 에（駅の前に）　② 편의점 ＿＿＿ 에（コンビニの横に）

③ 침대 ＿＿＿ 에（ベッドの下に）　④ 집 ＿＿＿ 에（家の外に）

⑤ 머리 ＿＿＿ 에（頭の上に）　⑥ 택시 ＿＿＿ 에（タクシーの中に）

⑦ 테이블 ＿＿＿ 에（テーブルの右側に）　⑧ 책상 ＿＿＿ 에（机の左側に）

❖ 位置を表すことば ❖

▶「아래」と「밑」はいずれも「下」の意味ですが、「아래」は「上と対になる場合」や、「事物とある程度の距離をおいて離れている空間」を指すときに使います。これに対して「밑」は「その物の一部であったり、または、その物の直接的な影響圏内に入っている部分や空間であったりすること」を表す。

MEMO

第2課_まとめ練習問題

1 次の文を日本語に訳してみましょう。

（1）약국이 어디에 있습니까?

　　→ _____

（2）이 근처에 편의점이 있습니까?（근처 : 近所）

　　→ _____

（3）집 앞에 빵집이 있어요.

　　→ _____

（4）현금은 없습니까?（현금 : 現金）

　　→ _____

（5）침대 위에 꽃이 있습니다.（침대 : ベット）

　　→ _____

2 次の文を韓国語に訳してみましょう。

（1）クレジットカードがありません。（クレジットカード : 신용카드）

　　→ _____

（2）パスポートはありますか。（パスポート : 여권）

　　→ _____

（3）パン屋の隣に花屋があります。

　　→ _____

（4）ここがチムジルバンですね。

　　→ _____

（5）いいえ、サウナです。（サウナ : 사우나）

　　→ _____

3 次の質問に韓国語で答えましょう。

（1）오후에 시간 있습니까?

　　→ _____

（2）저기가 노래방입니까?

　　→ _____

（3）주말에 약속 있어요? （주말：週末、약속：約束）

　　→ _____

（4）오늘은 한국어 수업이 없어요? （수업：授業）

　　→ _____

（5）서점 안에 카페가 있습니까?

　　→ _____

ことばのマダン 말 마당 ②

場所名①
장소 이름

🔊 042

カラオケ	コンビニ	トイレ	チムジルバン	食堂	花屋	薬局
ノ レ バン	ピョ ニ ジョム	ファジャンシル	チム ジル バン	シク タン	コッ チプ	ヤック ク
노래방	편의점	화장실	찜질방	식당	꽃집	약국

スーパー（マーケット）	市場	免税店	カフェ	本屋	パン屋	病院
シュポ マケッ	シ ジャン	ミョン セ ジョム	カ ペ	ソ ジョム	パン チプ	ピョンウォン
슈퍼(마켓)	시장	면세점	카페	서점	빵집	병원

第3課 이게 뭐예요?
これは何ですか。

持ち物について話す

① 세관 직원 : 안녕하세요? 이게 뭐예요?

② 하　　나 : 네, 그건 친구 선물이에요.

③ 세관 직원 : 그것도 선물이에요?

④ 하　　나 : 아뇨, 이건 선물이 아니에요.

⑤ 세관 직원 : 그럼 뭐예요?

⑥ 하　　나 : 제 옷과 화장품이에요.

· 선물이에요 [선무리에요]

· 옷과 [옫꽈]

· 화장품이에요 [화장푸미에요]

❶ 이게 (←이것이) : これは、뭐 (←무엇) : 何
❷ 그건 (←그것은) : それは、선물 〔贈物〕: プレゼント
❸ 그것 : それ、-도 : 〜も
❹ 이건 (←이것은) : これは、-이/가 아니에요 : 〜ではありません
❺ 그럼 : では
❻ 제 (←저＋의) : 私の、옷 : 服、-과 : 〜と、화장품 〔化粧品〕: 化粧品

● 日本語訳 ●

❶ 税関職員 : こんにちは。これは何ですか？
❷ ハ　ナ : それは友だちへのおみやげです。
❸ 税関職員 : それもプレゼントですか？
❹ ハ　ナ : いいえ、これはプレゼントではありません。
❺ 税関職員 : それでは何ですか？
❻ ハ　ナ : 自分の服と化粧品です。

3-1 이것：これ、그것：それ、저것：あれ、어느 것：どれ〔指示代名詞〕

「이것（これ）・그것（それ）・저것（あれ）」などの指示代名詞は、日本語とほぼ同じです。ただし、話し手も聞き手もすでに知っている事柄を指すときは「저것（あれ）」ではなく、「그것（それ）」を使います。

Point ◀ 指示代名詞 이것：これ、그것：それ、저것：あれ、어느 것：どれ ▶

助詞 指示代名詞	〜が	〜は	〜を
이것/이거 これ	이것이/이게 これが	이것은/이건 これは	이것을/이걸 これを
그것/그거 それ	그것이/그게 それが	그것은/그건 それは	그것을/그걸 それを
저것/저거 あれ	저것이/저게 あれが	저것은/저건 あれは	저것을/저걸 あれを
어느것/어느 거 どれ	어느 것이/어느 게 どれが	―	어느 것을/어느 걸 どれを

※ 一般的に話し言葉では右側の会話体である縮約形がよく使われます。

練習 次の文をそれぞれ日本語と韓国語に訳してみましょう。

① 이거 노트예요?

② 아뇨, 저것은 빵이에요.

③ それは日本語の本です。（日本語の本：일본어 책）

「무엇」は「何」という意味です。一般的に話し言葉では縮約の「뭐」が用いられます。

뭐 ← 무엇 何

練習 ┄┄┄ 次の文をそれぞれ日本語と韓国語に訳してみましょう。

① 이건 뭐예요?

② 저것은 무엇입니까?

③ 名前は何ですか。（名前：이름）

MEMO

「〜です」に当たる表現には「-이에요」と「-예요」があります。パッチムがあるときは「-이에요」、ないとき
は「-예요」をつけます。

また、疑問表現の「〜ですか」は「-이에요?」、「-예요?」で、話すときは尻上がりで発音します。

책이에요(?) 本です（か）　　**노트**예요(?) ノートです（か）

> パッチム（有）　　　　　　　　　　　　　パッチム（無）

何か（パッチム）があったら
イエヨ（-이에요）！ なかったら、
エーヨ（-예요）か！？

(Point) ◀ 指定詞 -이에요／예요(?)：〜です（か）▶

〜です（か）	名詞	〜です	〜ですか
	パッチム（有）	-이에요	-이에요?
	パッチム（無）	-예요	-예요?

例
- 학생（学生）→ 학생이에요(?)
- 가수（歌手）→ 가수예요(?)
- 일본 사람（日本人）→ 일본 사람이에요(?)
- 회사원（会社員）→ 회사원이에요(?)
- 요리사（調理師）→ 요리사예요(?)
- 팬（ファン）→ 팬이에요(?)

練習1 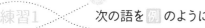 次の語を 例 のように直してみましょう。

例 김치（キムチ）	김치예요?（キムチですか）	김치예요（キムチです）
신문（新聞）		
호텔（ホテル）		
노래（歌）		
친구（友だち）		

練習2 次の文をそれぞれ日本語と韓国語に訳してみましょう。

① 이게 한국어 교재예요.（教材：教材）

② 여기가 그 찜질방이에요?

③ 息子は公務員です。

MEMO

3-4 **-이/가 아니에요(?) : ～ではありません（か）〔否定〕**

名詞の後に「-이/가 아니에요」をつけると「～ではありません」という表現になります。パッチムがあるとき
は「-이 아니에요」、ないときは「-가 아니에요」をつけます。なお、「?」をつければ疑問形になります。

책 → **책**이 아니에요(?)　　**노트** → **노트**가 아니에요(?)
本　　　　本ではありません（か）　　ノート　　　ノートではありません（か）

Point ◀ **-이 아니에요/가 아니에요 : ～ではありません** ▶

～ではありません（か）	パッチム（有）	**-이 아니에요(?)**	책이 아니에요(?) （本ではありません〈か〉）
	パッチム（無）	**-가 아니에요(?)**	노트가 아니에요(?) （ノートではありません〈か〉）

例　・길（道）→ 길이 아니에요　　　・우체국（郵便局）→ 우체국이 아니에요
　　・카페（カフェ）→ 카페가 아니에요　　・가게（店）→ 가게가 아니에요

 練習1 次の語を 例 のように否定形にしてみましょう。

例 김치 （キムチ）	김치가 아니에요 （キムチではありません）	연필 （鉛筆）	
컴퓨터 （コンピュータ）		볼펜 （ボールペン）	

練習2 次の文をそれぞれ日本語と韓国語に訳してみましょう。

① 이건 연필이 아니에요. 볼펜이에요.

② 저건 라디오가 아니에요. 컴퓨터예요.

③ それはキムチではありません。ナムルです。（キムチ：김치、ナムル：나물）

3-5 -도：〜も

「〜も」にあたるのが「-도」です。パッチムのあるなしに関係なく「도」をつけます。

책도 本も   **노트도** ノートも

パッチム（有）   パッチム（無）

Point ◀ 助詞：-도 ▶

〜も	パッチム（有）	-도	책도（本も）
	パッチム（無）		노트도（ノートも）

例
- 떡（お餅）→ 떡도
- 어머니（お母さん）→ 어머니도
- 빵（パン）→ 빵도
- 아버지（お父さん）→ 아버지도

練習1　次の語を 例 のように直してみましょう。

例 책（本）	책도（本も）	맥주（ビール）
술（お酒）		소주（焼酎）
막걸리（マッコリ）		와인（ワイン）

練習2　次の文をそれぞれ日本語と韓国語に訳してみましょう。

① 누나도 여동생도 있어요.

② 빵도 라면도 없어요?

③ 家にコーヒーも紅茶もあります。

3-6 -과/와：〜と

日本語の助詞「〜と」にあたるのが「-과」と「-와」です。パッチムのある語には「과」、ない語には「와」をつけます。

책과　本と　　　노트와　ノートと

パッチム（有）　　　　　パッチム（無）

Point ◀ 助詞 -과/와：〜と ▶

~も	パッチム（有）	-과	책과　本と
	パッチム（無）	-와	노트와　ノートと

例
- 호박（かぼちゃ）→ 호박과
- 배우（俳優）→ 배우와
- 당근（人参）→ 당근과
- 가수（歌手）→ 가수와

練習1　次の語を 例 のように「-과/와」を使って直してみましょう。

例 김치（キムチ）	김치와（キムチと）	대학（大学）	
노래（歌）		선생님（先生）	
비빔밥（ビビンバ）		우유（牛乳）	

練習1　次の文をそれぞれ日本語と韓国語に訳してみましょう。

① 오빠와 남동생이 있어요.

② 일본과 한국의 시합이네요. （시합 : 試合）

③ 冷蔵庫にワインとビールがあります。（冷蔵庫 : 냉장고）

発音のきまり

濃音化 (のうおんか)

終声 [ㄱ], [ㄷ], [ㅂ]、すなわちパッチムの「ㄱ, ㄲ, ㅋ」、「ㄷ, ㅌ, ㅅ, ㅆ, ㅈ, ㅊ」、「ㅂ, ㅍ」の次に来る平音の初声「ㄱ, ㄷ, ㅂ, ㅅ, ㅈ」はいずれも濃音の [ㄲ, ㄸ, ㅆ, ㅃ, ㅉ] で発音されます。これを濃音化と言います。

チャプ チ　　チャプ ッチ
잡지 [잡찌]
[雑誌]

表記　　　　発音

044

045

パッチム	+初声	初声の濃音化	例
[ㄱ] (ㄱ, ㄲ, ㅋ)	ㄱ	ㄱ → [ㄲ]	탁구 [탁꾸] 卓球 복도 [복또] 廊下 국밥 [국빱] クッパ
[ㄷ] (ㄷ, ㅌ, ㅅ, ㅆ, ㅈ, ㅊ)	ㄷ	ㄷ → [ㄸ]	걷다 [걷따] 歩く 숫자 [숟자 → 숟짜] 数字 찾다 [찯다 → 찯따] 探す
	ㅂ	ㅂ → [ㅃ]	
	ㅅ	ㅅ → [ㅆ]	잡지 [잡찌] 雑誌 입다 [입따] 着る 앞집 [압집 → 압찝] 前の家
[ㅂ] (ㅂ, ㅍ)	ㅈ	ㅈ → [ㅉ]	

練習問題　　次の単語を 例 のように発音通り書いてください。

例 학교 学校 → [학꾜]

① 박수 拍手 → [　　　　　]

② 맛집 おいしい店 → [　　　　　]

③ 답장 〔答状〕 返事 → [　　　　　]

④ 식구 〔食口〕 家族 → [　　　　　]

第3課_まとめ練習問題

1 次の文を日本語に訳してみましょう。

（1）이건 김치가 아니에요.

→ _____

（2）테이블 위에 안경과 노트북이 있습니다. （안경：めがね、노트북：ノートパソコン）

→ _____

（3）학교 안에 카페가 있어요.

→ _____

（4）서점은 없습니까?

→ _____

（5）계단 옆에 엘리베이터도 있습니다. （계단：階段、엘리베이터：エレベーター）

→ _____

2 次の文を韓国語に訳してみましょう。

（1）銀行の後ろに駐車場と郵便局があります。（駐車場：주차장、郵便局：우체국）

→ _____

（2）身分証はありませんか。（身分証：신분증）

→ _____

（3）薬局の隣に何がありますか。

→ _____

（4）これはパソコンではありません。タブレットです。（パソコン：컴퓨터、タブレット：태블릿）

→ _____

（5）韓国人ではありません。日本人です。

→ _____

3 次の質問に韓国語で答えましょう。

（1）가방 안에 무엇이 있습니까?

    → _____

（2）냉장고에 야채는 뭐가 있어요?

    → _____

（3）박서준 씨는 회사원이에요?

    → _____

（4）그것도 한국어 책이에요?

    → _____

（5）왼쪽에 무엇이 있어요?

    → _____

ことばのマダン 말 마당 ③

果物と野菜
과일과 야채

046

りんご	梨	柿	みかん	イチゴ	スイカ	マクワウリ
サグァ	ペ	カム	キュル	タルギ	スバク	チャメ
사과	배	감	귤	딸기	수박	참외

きゅうり	大根	唐辛子	白菜	サンチュ	じゃがいも	さつまいも
オイ	ム	コチュ	ペチュ	サンチュ	カムジャ	コグマ
오이	무	고추	배추	상추	감자	고구마

김밥이 삼천 원이에요.
キンパプが3千ウォンです。

お会計をする
047

① 하나 : 여기 얼마예요?

② 식당 직원 : 양념치킨이 만육천 원, 김밥이 삼천 원이에요.

③ 하나 : 만구천 원이네요. 여기 이만 원이에요.

④ 식당 직원 : 거스름돈 천 원이에요.

⑤ 하나 : 잘 먹었습니다.

⑥ 식당 직원 : 고맙습니다. 안녕히 가세요.

- 치킨이 [치키니]
- 김밥이 [김빠비]
- 만육천 원 [만뉵처뤈]
- 삼천 원이에요 [삼처눠니에요]
- 만구천 원이네요 [만구처눠니네요]
- 이만 원이에요 [이마눠니에요]
- 거스름돈 [거스름똔]
- 천 원이에요 [처눠니에요]
- 먹었습니다 [머거씀니다]
- 고맙습니다 [고맙씀니다]
- 안녕히 [안녕이]

① 여기：ここ、こちら、 얼마：いくら

② 양념치킨：ヤンニョムチキン、 만육천〔万六千〕：1万6千、 -원：〜ウォン、김밥：キンパプ（韓国風のり巻き）、삼천〔三千〕：3千

③ 만구천〔万九千〕：1万9千、 -이네요:〜ですね、이만〔二万〕：2万

④ 거스름돈：お釣り、천〔千〕：1千

⑤ 잘 먹었습니다：ご馳走様でした（←直 よく食べました）

⑥ 안녕히 가세요：さようなら（←直 安寧に行ってください）

● 日本語訳 ●

① ハナ：（こちら、）いくらですか。

② 店員：ヤンニョムチキンが1万6千ウォン、 キムパプが3千ウォンです。

③ ハナ：1万9千ウォンですね。これ2万ウォンです。

④ 店員：おつりは千ウォンです。

⑤ ハナ：ごちそうさまでした。

⑥ 店員：ありがとうございます。 さようなら。

4-1 疑問詞

質問するとき使う疑問詞は使用頻度が高いので
しっかり覚えましょう。

「몇」はおもに「몇 시(何時)」
「몇 개(何個)」など、数量を
たずねるときに使います。

いつ	どこ	だれ	いくら	何	いくつ
オンジェ 언제	オ ディ 어디	ヌ グ 누구	オルマ 얼마	ム オッ ム ォ 무엇 / 뭐	ミョッ 몇

練習 … 次の文をそれぞれ日本語と韓国語に訳してみましょう。

(1) 가 : 이 음식은 뭐예요?　　나 : 콩나물국밥이에요. (コンナムル〈豆もやし〉クッパ)

(2) 가 : 이 주스는 얼마예요?　　나 : 천이백 원이에요.

(3) 가 : 大学はどこにありますか。　　나 : 東京にあります。

4-2 漢字語数詞

日本語の数詞には「一、二、三…」という漢字語数詞と、「一つ、二つ、三つ…」という固有語数詞がありますね。
韓国語も「일, 이, 삼…」という漢字語数詞と「하나, 둘, 셋…」という固有語数詞があります。

Point ◀ 漢字語数詞 0～10 ▶

048

0	1	2	3	4	5	6	7	8	9	10
コン〔空〕 ヨン〔零〕 공〔空〕/ 영〔零〕	イル 일	イ 이	サム 삼	サ 사	オ 오	ユクケ 육	チル 칠	パル 팔	ク 구	シプ 십
		[일리]			[오륙]					

続けて読むときは、
2と6に注意！
発音が変わりますよ。

「090-1234-5678」なら、
「공구공 - 일이삼사 - 오육칠팔」
と言えばいいんだね！

20	30	40	50	60	70	80	90
イ シプ	サムシプ	サ シプ	オ シプ	ユクシプ	チルシプ	パルシプ	ク シプ
이십	삼십	사십	오십	육십	칠십	팔십	구십

漢字語数詞の場合，数字の言い方は日本語と同じです。

 삼십 + 오 = 삼십오
30 　5 　35

 칠십 + 구 = 칠십구
70 　9 　79

練習1 　次の数字を例のように書いてみよう。

例 십육 (16)

① 이십칠 (　　　) 　② 삼십팔 (　　　) 　③ 사십오 (　　　) 　④ 구십일 (　　　)

練習2 　次の数字を例のようにハングルで書いてみよう。

例 83 (팔십삼)

① 98 (　　　) 　② 74 (　　　)

③ 61 (　　　) 　④ 52 (　　　)

月の名称は日本語と同じく、漢字語数詞に「月(월)」を付けます。ただし、「6月」は[육월]ではなく[유월]、「10月」は[십월]ではなく[시월]と言います。

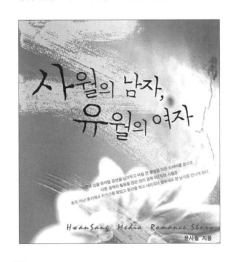

Point ◀ 1月～12月 ▶

1月	2月	3月	4月	5月	6月
イルォル 일월 [이뤌]	イ ウォル 이월	サムォル 삼월 [사뭘]	サ ウォル 사월	オ ウォル 오월	ユ ウォル 유월
7月	**8月**	**9月**	**10月**	**11月**	**12月**
チルォル 칠월 [치뤌]	パルォル 팔월 [파뤌]	ク ウォル 구월	シ ウォル 시월	シ ビルォル 십일월 [시비뤌]	シ ビ ウォル 십이월 [시비월]

練習1 次の月を 例 のようにハングルで書いてみましょう。

例 1月（일월）

① 3月（　　　　　　）　　② 6月（　　　　　　）

③ 10月（　　　　　　）　　④ 11月（　　　　　　）

日にちを表すときも日本語と同じく、漢字語数詞に「일（日）」を付けます。

Point ◀ 1日〜31日 ▶   051

일	월	화	수	목	금	토
			1 イ リル 일 일 [이릴]	2 イ イル 이 일	3 サ ミル 삼 일 [사밀]	4 サ イル 사 일
5 オ イル 오 일	6 ユ ギル 육 일 [유길]	7 チ リル 칠 일 [치릴]	8 パ リル 팔 일 [파릴]	9 ク イル 구 일 [구일]	10 シ ビル 십 일 [시빌]	11 シ ビ リル 십일 일 [시비릴]
12 シ ビ イル 십이 일 [시비일]	13 シプ サ ミル 십삼 일 [십싸밀]	14 シプ サ イル 십사 일 [십싸일]	15 シ ボ イル 십오 일 [시보일]	16 シム ニュ ギル 십육 일 [심뉴길]	17 シプ チ リル 십칠 일 [십치릴]	18 シッ パ リル 십팔 일 [십파릴]
19 シプ ク イル 십구 일 [십꾸일]	20 イ シ ビル 이십 일 [이시빌]	21 イ シ ビ リル 이십일 일 [이시비릴]	22 イ シ ビ イル 이십이 일 [이시비일]	23 イ シプ サ ミル 이십삼 일 [이십싸밀]	24 イ シプ サ イル 이십사 일 [이십싸일]	25 イ シ ボ イル 이십오 일 [이시보일]
26 イ シムニュ ギル 이십육 일 [이심뉴길]	27 イ シプ チ リル 이십칠 일 [이십치릴]	28 イ シッ パ リル 이십팔 일 [이십파릴]	29 イ シプ ク イル 이십구 일 [이십꾸일]	30 サム シ ビル 삼십 일 [삼시빌]	31 サム シ ビ リル 삼십일 일 [삼시비릴]	

何月
몇 월 [며뒬] ┃ 오늘은 몇 월 며칠**이에요?**
（今日は何月何日ですか。） ┃ 何日
며칠（○）
몇일（×）

練習 ⋯ 次の文をそれぞれ日本語と韓国語に訳してみましょう。

① 오늘은 몇 월 며칠이에요?

② 삼십일 일이에요.

③ 今日は 10 月 29 日です。（数字はハングルで。）

4-5 「6」の表記と発音

漢字語数詞の「6（육）」は位置によって表記や発音が変わる場合があります。母音やパッチム「ㄹ」の後では［륙］と発音されます。固有名詞では「오륙도」のように「륙」と表記されることもあります。

★「6（육）」に注意

位置	語頭	母音やパッチムㄹの後	
表記	육	육/륙	
発音	［육］	［륙］	
例	육삼빌딩 （63ビルディング）※1	오륙도〔五六島〕※2 / 586 오팔육 ［오팔륙］ 5646 오육사육 ［오륙사륙］	

※1 ソウルにある高層ビル　※2 釜山湾口にある島

4-6 100以上の漢字語数詞

韓国語で 100 以上の数詞は漢字語数詞しかありません。

★ 漢字語数詞 百～億

052

| 百 | <ruby>백<rt>ベク</rt></ruby> | 千 | <ruby>천<rt>チョン</rt></ruby> | 万 | <ruby>만<rt>マン</rt></ruby> | 億 | <ruby>억<rt>オク</rt></ruby> |

※「1百」、「1千」、「1万」を表すときは、「일」を付けず、単に「백」、「천」、「만」と言います。

例 11,110「만 천백십」
　 15,680「만 오천육백팔십」

練習1 次の数字を 例 のように書いてみましょう。

例 십육（16）　① 육백팔십（　　　　　）　② 이천백（　　　　　）

③ 삼천구백오십（　　　　　）④ 삼만 사천칠백（　　　　　）⑤ 천사백 오십육만（　　　　　）

練習2 次の数字を 例 のようにハングルで書いてみましょう。

例 83（팔십삼）

① 458（　　　　　）　　　② 7,164（　　　　　）

③ 64,391（　　　　　）　　④ 5,247,649（　　　　　）

4-7 漢字語数詞とともに使う助数詞

　日本語にも「一（イチ）名」、「1（イチ）時」と「ひと夏」、「ひと仕事」、「ひと風呂」などのように、助数詞によって漢字語数詞と固有語数詞を使い分けるのと同じく、韓国語にも使い分けがあります。

 ◀ 助数詞① ▶

년〔年〕	월〔月〕	일〔日〕	분〔分〕
1446 年：천사백사십육 년	10 月：시 월	9日：구 일	27 分：이십칠 분

원 ウォン	엔〔円〕	층〔層〕階	학년〔学年〕～年生
850 ウォン：팔백오십 원	1万円：만 엔	3 階：삼 층	4 年生：사 학년

練習1　次の語を 例 のように書いてみましょう。

例 삼월（3 月）

① 천구백팔십팔 년（　　　　　　　　）　② 유월 이십육 일（　　　　　　　　）

③ 십이월 삼십일 일（　　　　　　　　）　④ 일 층（　　　　　　）

⑤ 삼십칠 분（　　　　　　）　⑥ 팔만 오천칠백 원（　　　　　　　　　　　）

練習2　次の語を 例 のように書いてみましょう。

例 24 時間（이십사 시간）

① 2020 年（　　　　　　　　　）

② 9月 19 日（　　　　　　　　）

③ 15,700 円（　　　　　　　　）

④ 63 階（　　　　　　　）

⑤ 2 年生（　　　　　　　　　）

発音のきまり

鼻音化 （びおんか）

　終声（パッチム）［ㄱ］［ㄷ］［ㅂ］は、後続する音節の初声「ㄴ・ㅁ」と同化し、それぞれの音が［ㅇ］［ㄴ］［ㅁ］に変わります。つまり、「ㄱ, ㄲ, ㅋ」、「ㄷ, ㅌ, ㅅ, ㅆ, ㅈ, ㅊ」、「ㅂ, ㅍ」の次に「ㄴ・ㅁ」が続く場合、パッチムの［ㄱ］［ㄷ］［ㅂ］はそれぞれ鼻音の［ㅇ］［ㄴ］［ㅁ］で発音します。これを鼻音化と言います。

イプ ニ ダ　　イム ニ ダ
입니다 ［임니다］ 053
表記　　　　発音

パッチム「ㅂ」が「ㄴ」の前で［ㅁ］に変わったね！

054

パッチム	+初声	パッチムの鼻音化	例
［ㄱ］（ㄱ, ㄲ, ㅋ）	ㄴ ㅁ	［ㄱ → ㅇ］	국민［궁민］国民 작년［장년］昨年
［ㄷ］（ㄷ, ㅌ, ㅅ, ㅆ, ㅈ, ㅊ）		［ㄷ → ㄴ］	옛날［옏날 → 옌날］昔 꽃말［꼳말 → 꼰말］花言葉
［ㅂ］（ㅂ, ㅍ）		［ㅂ → ㅁ］	입문［임문］入門 앞니［압니 → 암니］前歯

練習問題　　　次の単語を例のように発音通りに書いてください。

例 박물관 博物館 → ［방물관］

（1）작문 作文 → ［　　　　　　　］　　　（2）덧니 八重歯 → ［　　　　　　　　］

（3）앞날 将来 → ［　　　　　　　］　　　（4）막내 末っ子 → ［　　　　　　　　］

第4課_まとめ練習問題

1　次の文を声を出して読んで日本語に訳してみましょう。

（1）저기요, 저게 뭐예요?

　　→ ＿＿＿＿＿＿＿＿＿＿＿＿＿＿＿＿＿＿＿＿＿＿＿＿＿＿＿

（2）회의는 언제입니까?

　　→ ＿＿＿＿＿＿＿＿＿＿＿＿＿＿＿＿＿＿＿＿＿＿＿＿＿＿＿

（3）유월 십오일에 콘서트가 있습니다. （콘서트：コンサート）

　　→ ＿＿＿＿＿＿＿＿＿＿＿＿＿＿＿＿＿＿＿＿＿＿＿＿＿＿＿

（4）모임 장소는 어디입니까? （모임：集まり、장소：場所）

　　→ ＿＿＿＿＿＿＿＿＿＿＿＿＿＿＿＿＿＿＿＿＿＿＿＿＿＿＿

（5）이 옷은 만 오천 원이에요. （옷：服）

　　→ ＿＿＿＿＿＿＿＿＿＿＿＿＿＿＿＿＿＿＿＿＿＿＿＿＿＿＿

2　次の文を韓国語に訳してみましょう。（数字はハングルで。）

（1）6月15日に友だちと約束があります。（約束：약속）

　　→ ＿＿＿＿＿＿＿＿＿＿＿＿＿＿＿＿＿＿＿＿＿＿＿＿＿＿＿

（2）7階に会議室があります。（会議室：회의실）

　　→ ＿＿＿＿＿＿＿＿＿＿＿＿＿＿＿＿＿＿＿＿＿＿＿＿＿＿＿

（3）10月にテストがあります。（テスト：시험/테스트）

　　→ ＿＿＿＿＿＿＿＿＿＿＿＿＿＿＿＿＿＿＿＿＿＿＿＿＿＿＿

（4）タクシーの初乗り運賃は3,800ウォンです。（初乗り運賃：기본요금）

　　→ ＿＿＿＿＿＿＿＿＿＿＿＿＿＿＿＿＿＿＿＿＿＿＿＿＿＿＿

（5）この服は3割引きです。（3割：30%〈퍼센트〉、割引：할인）

　　→ ＿＿＿＿＿＿＿＿＿＿＿＿＿＿＿＿＿＿＿＿＿＿＿＿＿＿＿

3 次の質問に韓国語で答えましょう。

（1）여행은 언제 출발입니까? （출발：出発）

→ _____

（2）오늘은 몇 월 며칠입니까?

→ _____

（3）전화번호는 몇 번이에요?

→ _____

（4）내일 최고 기온은 몇 도입니까? （최고：最高、기온：気温）

→ _____

（5）명동역은 지하철 몇 호선이에요? （地下鉄：지하철、号線：号線）

→ _____

ことばのマダン 말 마당 ④

自然
자연

🔊 055

空	大地	海	山	川	太陽	月
ハ ヌル	タン	パ ダ	サン	カン	ヘ	タル
하늘	땅	바다	산	강	해	달

星	火山	温泉	地震	島	田んぼ	畑
ピョル	ファ サン	オンチョン	チ ジン	ソム	ノン	パッ
별	화산	온천	지진	섬	논	밭

세계의 여러나라 世界の国々

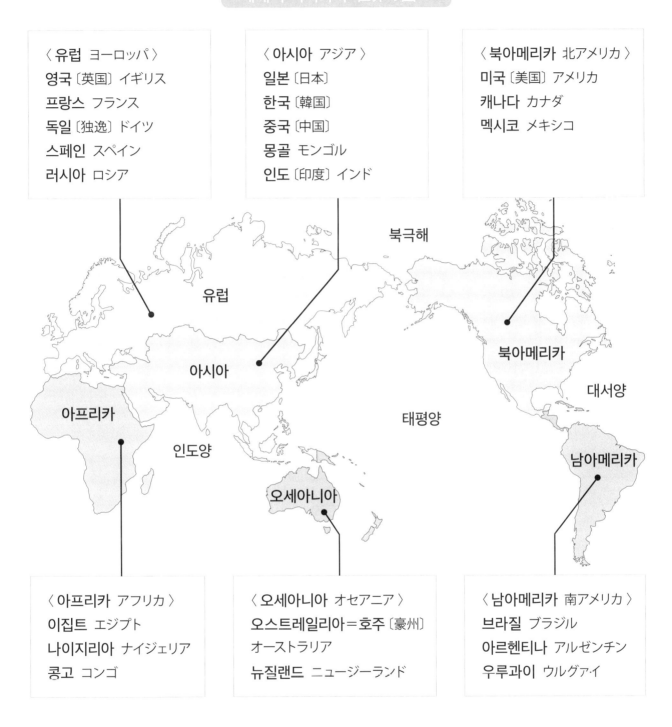

〈 유럽 ヨーロッパ 〉
영국〔英国〕イギリス
프랑스 フランス
독일〔独逸〕ドイツ
스페인 スペイン
러시아 ロシア

〈 아시아 アジア 〉
일본〔日本〕
한국〔韓国〕
중국〔中国〕
몽골 モンゴル
인도〔印度〕インド

〈 북아메리카 北アメリカ 〉
미국〔美国〕アメリカ
캐나다 カナダ
멕시코 メキシコ

북극해

유럽

아시아

북아메리카

대서양

아프리카

인도양

태평양

오세아니아

남아메리카

〈 아프리카 アフリカ 〉
이집트 エジプト
나이지리아 ナイジェリア
콩고 コンゴ

〈 오세아니아 オセアニア 〉
오스트레일리아＝호주〔豪州〕
オーストラリア
뉴질랜드 ニュージーランド

〈 남아메리카 南アメリカ 〉
브라질 ブラジル
아르헨티나 アルゼンチン
우루과이 ウルグァイ

다음 영화는 몇 시부터예요?

次の映画は何時からですか。

時間・価格を言う

① 하나 : 다음 영화는 몇 시부터예요?

② 상우 : 네 시하고 여섯 시 삼십 분부터네요.

③ 하나 : 그럼, 여섯 시 삼십 분이 좋습니다.

④ 상우 : 네! 참, 이 영화는 2관에서 합니다.

⑤ 하나 : 네, 그런데 영화티켓은 얼마입니까?

⑥ 상우 : 구천 원이네요.

· 영화는 [영화는/영와는]

· 몇 시 [멷씨]

· 여섯 시 [여섣씨]

· 삼십 분 [삼십뿐]

· 2관에서 [이과네서]

· 합니다 [함니다]

· 티켓은 [티케슨]

· 구천 원이네요 [구처눠니네요]

❶ 다음：次、영화〔映画〕：映画、何、몇 시：何時、-부터：〜から

❷ 네 시：4時、-하고：〜と、여섯 시：6時、삼십 분：30分

❸ 그럼：では、좋습니다：いいです（「좋다（よい）」の格式体「합니다体」

❹ 참：あ、そうだ！、2관：2館（スクリーン2）、-에서：〜で、합니다：します（「하다（する）」の格式体「합니다体」

❺ 그런데：ところで、티켓：チケット、얼마：いくら

❻ 구천 원：9千ウォン

● 日本語訳 ●

❶ ハ ナ：次の映画は何時からですか。

❷ サンウ：4時と6時30分からですね。

❸ ハ ナ：では、6時30分がいいです。

❹ サンウ：はい！　あ、そうだ！　この映画はスクリーン2でやります。

❺ ハ ナ：はい、ところで、映画のチケットはいくらですか。

❻ サンウ：9,000ウォンですね。

日本語に「ひとつ、ふたつ…」といった数え方があるように、韓国語にも1から99までは固有語数詞があります。

Point ◀ 固有語数詞 1〜10 ▶ 057

1	2	3	4	5	6	7	8	9	10
ハ ナ 하나	トゥル 둘	セッ 셋	ネッ 넷	タ ソッ 다섯	ヨ ソッ 여섯	イルゴプ 일곱	ヨ ドル 여덟	ア ホプ 아홉	ヨル 열
ハン 한	トゥ 두	セ 세	ネ 네						

1から10までを続けて読むときは、
[하나둘 셋넷 다섯녀섯 일곱녀덜 아홉녈]
になります。

注意！
後ろに本、匹、枚などの助数詞が
続くときは、「한, 두, 세, 네」に変わります。

続けて読むときは、
「3，4」と「5，6」と「7，8」と
「9，10」には注意すべきだね！

Point ◀ 固有語数詞 20〜90 ▶ 058

20	30	40	50	60	70	80	90
스물	서른	마흔	쉰	예순	일흔	여든	아흔
스무*							

＊20は「〜本」「〜歳」などの後ろに
助数詞が続くときは「스무」に変わるね！

$$
23 \begin{cases}
\text{이 십 + 삼} = \text{이십삼} \ (漢字語数詞) \\
\quad 20 \quad\ 3 \qquad 23 \\
\text{스물 + 셋} = \text{스물셋} \ (固有語数詞) \\
\quad 20 \quad\ 3 \qquad\ 23
\end{cases}
$$

練習1　次の空欄を埋めましょう。

15	33	47	54	68	76	92
십오		사십칠	오십사		칠십육	
	서른셋			예순여덟		아흔둘

練習2　次の数字を 例 のように固有語数詞で書いてみましょう。

例 83（여든셋）

① 98（　　　　　　　　　）　　② 74（　　　　　　　　　）

③ 61（　　　　　　　　　）　　④ 52（　　　　　　　　　）

韓国語の助数詞も数えるものの形や性質によって使い分けをします。次は主に固有語数詞といっしょに使われる助数詞です。

Point ◀ **助数詞 ②** ▶

시간〔時間〕	명〔名〕	사람 人、名
1時間：한 시간	大人2名：어른 두 명	3人：세 사람

자루 本*¹	병〔瓶〕本*²	번〔番〕回、番
鉛筆4本：연필 네 자루	ビール5本：맥주 다섯 병	1日に2回：하루에 두 번

개〔個〕	권〔巻〕冊	달 カ月
飴20個：사탕 스무 개	雑誌7冊：잡지 일곱 권	三カ月：세 달

대〔台〕	살 歳	장〔張〕枚
テレビ4台：텔레비전 네 대	30歳：서른 살	写真8枚：사진 여덟 장

마리 頭（動物）	마리 匹（動物、虫）	마리 羽（鳥）
牛1頭：소 한 마리	子犬2匹：강아지 두 마리	鳥10羽：새 열 마리

*¹자루：細長いものを数える時、*²병：瓶などに入っている物を数える時

練習1 〜〜〜〜 次の語を 例 のように書いてみましょう。

例 어린이 한 명（子ども1名）

① 맥주 한 병（   ）　② 책 두 권（   ）

③ 택시 세 대（   ）　④ 고양이 네 마리（   ）

⑤ 사진 다섯 장（   ）

練習2 〜〜〜〜 次の語を 例 のように書いてみましょう。

例 1時間（한 시간）

① 리인고1個（   ）　② ジュース3本（   ）

③ 学生35名（   ）　④ 20歳（   ）

MEMO

5-3 時間の言い方

韓国語で時間を言い表すとき、「10 時10 分」は「トオ時ジュッ分」という具合に「〜時」は固有語数詞,「〜分」は漢字語数詞を使います。

例 **10시 10분**

（10時10分）　**열 시 십 분**

時間は固有語数詞、分は漢字語数詞だね！

固有語数詞＋	시〔時〕
漢字語数詞＋	분〔分〕

「半」は「반」、また、「前」は「전」といいます。

例

	10 時 10 分	열 시 십 분
	12 時 30 分	열두 시 삼십 분 열두 시 반
	7 時 5 分前	일곱 시 오 분 전

練習1　次の時刻を時計に書き入れてみましょう。

①
한 시 삼십 분

②
네 시 이십 분

③
여섯 시 십오 분

④
일곱 시 사십 분

練習2　次の時刻を韓国語で言ってみましょう。

① 8 時半　　② 12 時 5 分前　　③ 今朝起きた時間　　④ 今の時間

時刻や時を表す「〜から 〜まで」は、「-부터 -까지」です。ちなみに、場所を表すことばといっしょに使われる「〜から 〜まで」は「-에서 -까지」です。

場所に付く「〜から」は話しことばでは、「-에서부터」という表現も使いますよ。

〜から	〜まで
-부터	-까지

練習1　（　　　）の中に適する語を書き入れてみましょう。

① 수업은 11시（　　　）12시（　　　）입니다.　　　授業は11時から12時までです。

② 아침（　　　）저녁（　　　）일을 합니다.　　　朝から夕方まで仕事をします。

③ 서울（　　　）부산（　　　）갑니다.　　　ソウルから釜山まで行きます。

練習2　次の文を日本語と韓国語に訳してみましょう。

① 몇 시부터 몇 시까지예요?

② 네 시부터 여덟 시 삼십 분까지예요.

③ この飛行機は成田から仁川までです。（飛行機：비행기、仁川：인천）

日本語の「〜です、〜ます」に当たる韓国語の表現は「해요体」と「합니다体」の二通りがあります。打ち解けた丁寧な表現「해요体」（7-3を参照）に対して、「합니다体」はよりかしこまった丁寧な表現で、格式体とも言います。

「합니다体」の作り方は、動詞や形容詞の語幹末に「パッチム」がない場合には「-ㅂ니다」、「-ㅂ니까?」を、「パッチム」がある場合には「-습니다」、「-습니까?」をつけます。

「パンニ ハム ハサムニダ」というのはこの「합니다」のことだったんだ！

Point ◀ 丁寧形（格式体）합니다体 ▶

語幹	합니다体	
	〜です／ます	〜ですか／ますか
パッチム（有）	語幹 + 습니다	語幹 + 습니까?
パッチム（無）	語幹 + ㅂ니다	語幹 + ㅂ니까?
「ㄹ」パッチム	「ㄹ」を落として+ ㅂ니다	「ㄹ」を落として+ ㅂ니까?

먹다 → 먹습니다 → 먹습니까?
食べる　　食べます　　食べますか

오다 → 옵니다 → 옵니까?
来る　　来ます　　来ますか

*살다 → (사 + ㅂ니다 →) 삽니다 → 삽니까?
住む　　　　　　　　　住みます　　住みますか

「합니다体」の「ㅂ니다/습니다」は、「〜ます」の他に「〜ています」という意味もありますよ。

＊「살다 → 삽니다」：「살다」のように語幹のパッチムが「ㄹ」で終わるものは「ㄹ」を取って「ㅂ니다」をつけます。

基本形	語幹	平叙形	疑問形
가다（行く）	가	갑니다（行きます）	갑니까?（行きますか）
읽다（読む）	읽	읽습니다（読みます）	읽습니까?（読みますか）
크다（大きい）	크	큽니다（大きいです）	큽니까?（大きいですか）
좋다（よい）	좋	좋습니다（いいです）	좋습니까?（いいですか）
조용하다（静かだ）	조용하	조용합니다（静かです）	조용합니까?（静かですか）
만들다（作る）	만들	만듭니다（作ります）	만듭니까?（作りますか）

例

練習1　　次の語を 例 のように直してみましょう。

例 가다（行く）	갑니까?（行きますか）	갑니다（行きます）
보다（見る）		
듣다（聞く）		
춥다（寒い）		
맛있다（おいしい）		
공부하다（勉強する）		
놀다（遊ぶ）		

練習2　　次の文を日本語と韓国語に訳してみましょう。

① 학교는 집에서 가깝습니다.（가깝다：近い）

② 아침에 한 시간 정도 운동합니다.（정도：くらい、운동하다：運動する）

③ 東京から大阪までは遠いですか。（遠い：멀다）

「-에서」は場所を表すことばについて、「～で」という意味を表します。

서울에서　ソウルで　　　**도쿄**에서　東京で

パッチム（有）　　　　　　　　パッチム（無）

「-에서」はパッチムの有無に関係なくつけられますが、「여기，거기，저기，어디」などの場所を表す代名詞の場合は「-에」を省略し、「-서」だけを使うこともあります。

여기(에)서　ここで　　　**어디(에)**서　どこで

Point ◀ 助詞 -에서：～で ▶

～で	パッチム（有）	-에서	집에서 　（家で）
	パッチム（無）		회사에서 　（会社で）

例　・노래방에서 노래를 합니다. → カラオケで歌を歌います。

　　・바다에서 수영을 합니다. → 海で水泳をします。

　　・도서관에서 책을 빌립니다. → 図書館で本を借ります。

練習1 　　　次の語を 例 のように直してみましょう。

例 역（駅）	역에서（駅で）	편의점（コンビニ）	
학교（学校）		커피숍（コーヒーショップ）	
바다（海）		호텔（ホテル）	

 練習2 　　　次の文を日本語と韓国語に訳してみましょう。

① 점심은 학교 식당에서 먹습니다.

② 카페에서 공부합니다.（공부하다：勉強する）

③ コンビニでアルバイトをします。（アルバイト：아르바이트）

MEMO

第5課_まとめ練習問題

1 次の文を日本語に訳してみましょう。

（1）비행기는 어디에서 탑니까?（타다：乗る）

　　→ _____

（2）학생은 모두 스무 명입니다.（모두：全て、全部で）

　　→ _____

（3）남동생은 홋카이도에 삽니다.

　　→ _____

（4）서울에서 부산까지 KTX로 두 시간쯤 걸립니다.（쯤：くらい、ほど、걸리다：かかる）

　　→ _____

（5）이 사과는 한 개 천오백 원입니다.

　　→ _____

2 次の文を韓国語に訳してみましょう。（「합니다体」で。数字はハングルで！）

（1）娘は 19 歳、息子は 21 歳です。（娘：딸、息子：아들）

　　→ _____

（2）今日の授業は 9 時からです。

　　→ _____

（3）明日は 10 時に学校に行きます。（明日：내일）

　　→ _____

（4）そのホテルは静かですか。

　　→ _____

（5）公園でお弁当を食べます。（お弁当：도시락）

　　→ _____

3 次の質問に韓国語で答えましょう。（声に出して!!）

（1）한국어 수업은 몇 시부터입니까?

　　→ _____

（2）한국어 책은 몇 권 있습니까?

　　→ _____

（3）점심은 몇 시에 먹습니까?

　　→ _____

（4）보통 몇 시에 잡니까? （보통 : ふだん、자다 : 寝る）

　　→ _____

（5）지금 어디에서 공부합니까?

　　→ _____

ことばのマダン 말 마당 ⑤

季節と天候
계절과 기후

🔊 059

春	夏	秋	冬	温度	天気	天気予報
ポム	ヨルム	カ ウル	キョ ウル	オン ド	ナル ッシ	イル ギ イェ ボ
봄	여름	가을	겨울	온도	날씨	일기예보

雨	雪	雲	梅雨	台風	にわか雨	虹
ピ	ヌン	ク ルム	チャン マ	テ プン	ソ ナ ギ	ム ジ ゲ
비	눈	구름	장마	태풍	소나기	무지개

1 次の語彙の意味を韓国語は日本語で、日本語は韓国語で書いてみましょう。

① 여러가지 （　　　　　　　）　　② 선생님 （　　　　　　　　）

③ 안경 （　　　　　　　）　　④ 하늘 （　　　　　　　　）

⑤ 新聞 （　　　　　　　）　　⑥ 化粧品 （　　　　　　　　）

⑦ 学生 （　　　　　　　）　　⑧ 公務員 （　　　　　　　　）

2 例 のように、次の単語を発音どおりにハングルで書いてみましょう。

例 일요일 : [이료일]

① 서울에서 : [　　　　　　　]　　② 작년 : [　　　　　　　　]

③ 입니다 : [　　　　　　　]　　④ 맑음 : [　　　　　　　　]

⑤ 몇 월 : [　　　　　　　]　　⑥ 숫자 : [　　　　　　　　]

3 例 から助詞を選んで（　　　　）に入れてみましょう。

> 例 은, 는, 이, 가, 의, 와, 과, 에, 에서, 부터, 까지

① 어머니 （　　　　）　주부입니다.　　② 신문은 어디 （　　　　）　삽니까?

③ 가방에 책 （　　　　）　노트가 있습니다.　　④ 집에서 학교 （　　　　）　30분 걸립니다.

⑤ 동생은 회사원 （　　　　）　아니에요.

4 ⬜ の中に数字をハングルで書き入れてみましょう。

（1）⬜ － ⬜ － ⬜ － ⬜ － ⬜

⬜ － ⬜ － ⬜ － ⬜ － 십

（2） 하나 － ⬜ － ⬜ － ⬜ － ⬜

⬜ － ⬜ － ⬜ － ⬜ － ⬜

5 空欄を埋めて文を完成させましょう。（数字はハングルで！）

（1）家の<u>前に</u>郵便局があります。　　→ 집（　　　　）우체국이 있습니다.

（2）私は<u>銀行員</u>です。　　　　　　　→ 저는（　　　　　　）입니다.

（3）<u>姉が</u>一人います。（弟から）　　　→（　　　　　　　　　）있습니다.

（4）映画の料金は<u>いくらですか</u>。　　→ 영화 요금은（　　　　　　　）?

（5）授業は<u>10 時 30 分から</u>です。　→ 수업은（　　　　　　　　）입니다.

6 次の文を読んで下記の質問に答えましょう。

> 하나 : <u>그것이</u> ⓐ 칼국수※1예요?
>
> 상우 : 아뇨, （　ⓑ　）칼국수（　ⓒ　）아니에요. 냉면※2이에요.
>
> 하나 : <u>ああ、そうですか。</u> ⓓ
>
> 상우 : 냉면（　ⓔ　）일본말로（　ⓕ　）예요?
>
> 하나 : （　ⓖ　）.

※1 カルグクス
※2 冷麺

（1）次のうち、ⓐの「그것이」と同じようなものは？

　①그걸　　　　　②그게　　　　③그건　　　　④그것

（2）ⓑの中に入ることばは？

　①이것은　　　　②그것은　　　③저것은　　　④어느 것

（3）ⓒの中に入る助詞は？

　①가　　　　　②이　　　　　③을　　　　　④를

（4）ⓓを韓国語に訳しなさい。

　_____

（5）ⓔの中に入る助詞は？

　①가　　　　　②이　　　　　③을　　　　　④를

（6）ⓕの中に入ることばは？

　①언제　　　　②무슨　　　　③뭐　　　　　④뭐가

（7）ⓖに入る表現は？

　①레이멘예요　　②레이멘이예요　　③레이멘이에요

7 次の空欄を埋めてみましょう。

韓国語	日本語	합니다体
가다		갑니다
하다	する	
다니다	通う	
	来る	
먹다		먹습니다
좋다		
싸다	安い	

8 例のように文章を作ってみましょう。

例 편의점, 가, 여기, 입니다

→ 여기가 편의점입니다.

(1) 몇, 지금, 시, 예요?

→ _____

(2) 공원, 친구, 갑니다, 에, 하고 (공원 : 公園)

→ _____

(3) 오빠, 공무원, 도, 입니다.

→ _____

(4) 앞, 역, 에서, 기다립니다, 언니, 가

→ _____

(5) 근처, 이, 에, 은행, 있습니까?

→ _____

9 次の文を韓国語と日本語に訳してみましょう。(「합니다体」で)

(1) 何時間かかりますか。

　　→ _____

(2) 私は社長ではありません。

　　→ _____

(3) 10月9日はハングルの日です。

　　→ _____

(4) 저는 학교 옆에 삽니다.

　　→ _____

(5) 식탁 아래에 고양이가 세 마리 있습니다. (식탁 : 食卓)

　　→ _____

10 次の質問に韓国語で答えましょう。(声に出して!!)

(1) 주말에 약속이 있어요?

　　→ _____

(2) 지금 기온은 몇 도입니까?

　　→ _____

(3) 약국은 어디에 있습니까?

　　→ _____

(4) 반 친구는 몇 명이에요? (반 : クラス)

　　→ _____

(5) 일본의 은행은 몇 시부터 시작합니까?

　　→ _____

第6課 화장품을 사고 싶어요.
化粧品が買いたいです。

060

① 하나 : 한국 화장품을 사고 싶어요.

② 상우 : 그럼, 명동에 가면 어때요?

　　　 가게가 아주 많이 있어요.

③ 하나 : 친구 선물도 좀 사고 싶어요.

④ 상우 : 좋아요. 저녁에 같이 가죠!

　　　 그런데 저녁은 뭘 먹죠?

⑤ 하나 : 칼국수를 먹고 싶어요.

⑥ 상우 : 그럼, '명동칼국수'에서 먹으면 돼요. 꽤 맛있어요.

- 사고 싶어요 [사고 시퍼요]
- 많이 있어요 [마니 이써요]
- 같이 [가치]
- 먹죠 [먹쪼]
- 먹고 [먹꼬]
- 맛있습니다 [마시씀니다]

❶ 화장품〔化粧品〕：化粧品、−을 사고 싶어요：～が（を）買いたいです（「사다（買う）」の丁寧な希望形

❷ 그럼：では、가면：行けば（가다（行く）の仮定形）、어때요?：いかがですか、가게：お店、아주：とても、많이：多く（多い：많다）

❸ 친구〔親旧〕：友だち、선물〔膳物〕：お土産、좀：ちょっと、少し

❹ 좋아요：いいです（「좋다（よい）」の丁寧形）、저녁：夕方、夕食、같이：一緒に、그런데：ところで、가죠：行きましょう（「가다（行く）」の誘いかけ）、먹죠?：食べましょうか（「먹다（行く）」の丁寧な疑問形）

❺ 칼국수：カルグクス（韓国風うどん）、−를 먹고 싶어요：～を（が）食べたいです（「먹다（食べる）」の丁寧な希望形

❻ −에서：～で、먹으면 돼요：食べればいいです（「먹다（食べる）」の丁寧な許可形）、꽤：かなり、맛있어요：おいしいです（「맛있다（おいしい）」の丁寧形）

● 日本語訳 ●

❶ ハ　ナ：韓国の化粧品が買いたいです。

❷ サンウ：では、明洞（ミョンドン）に行ったらどうですか。

　　　　店がとてもたくさんあります。

❸ ハ　ナ：友だちのおみやげも少し買いたいです。

❹ サンウ：いいですよ。夕方に一緒に行きましょう。

　　　　ところで夕食は何を食べましょうか。

❺ ハ　ナ：カルグクスを食べたいです。

❻ サンウ：では「明洞カルグクス*」で食べればいいでしょう。かなりおいしいですよ。

＊明洞にあるカルグクスの人気店

6-1 −을／를：〜を〔目的〕

目的を表す助詞「〜を」は「−을／를」です。

책을　本を　　　**노트**를　ノートを

パッチム（有）　　　パッチム（無）

Point ◀ 助詞 −을／를：〜を ▶

〜を	パッチム（有）	−을	책을 （本を）
	パッチム（無）	−를	노트를 （ノートを）

例
- 비빔밥（ビビンバ）→ 비빔밥을（ビビンバを）
- 텔레비전（テレビ）→ 텔레비전을（テレビを）
- 주스（ジュース）→ 주스를（ジュースを）

- 회사（会社）→ 회사를（会社を）
- 라디오（ラジオ）→ 라디오를（ラジオを）
- 새우깡（えびせん）→ 새우깡을（えびせんを）

練習1　　　次の語を 例 のように直してみましょう。

例 책 （本）	책을 （本を）	가방 （かばん）	
호텔 （ホテル）		스즈키 씨 （鈴木さん）	
집 （家）		군고구마 （焼き芋）	

練習2　　　次の文をそれぞれ日本語と韓国語に訳してみましょう。

① 군고구마를 삽니다. (사다 : 買う)

② 스즈키 씨를 소개합니다. (소개하다 : 紹介する)

③ 이 호텔을 お勧めします。(お勧めする : 추천하다)

6-2 −고 싶어요(?)：〜たいです（か）〔希望〕

　動詞の辞書形から「−다」を取った形（語幹）にパッチムの有無に関係なく「−고　싶어요」をつけると、「〜たいです」という希望を表す表現になります。なお、「?」をつければ疑問形になります。

먹다 → 먹고 싶다 → 먹고 싶어요(?)
食べる　　　　食べたい　　　　食べたいです（か）

가다 → 가고 싶다 → 가고 싶어요(?)
行く　　　　行きたい　　　　行きたいです（か）

基本形	語幹	希望
만나다 （会う）	만나	만나고 싶어요(?)　（会いたいです〈か〉）
쉬다 （休む）	쉬	쉬고 싶어요(?)　（休みたいです〈か〉）
읽다 （読む）	읽	읽고 싶어요(?)　（読みたいです〈か〉）
산책하다 （散歩する）	산책하	산책하고 싶어요(?)　（散歩したいです〈か〉）

練習1　　次の語を 例 のように直してみましょう。

例 가다 （行く）	가고 싶어요　（行きたいです）
걷다 （歩く）	
자다 （寝る）	
알다 （知る）	
공부하다 （勉強する）	

練習2　　次の文をそれぞれ日本語と韓国語に訳してみましょう。

① 오늘은 일찍 자고 싶어요. (일찍 : 早めに)

② 공원에서 걷고 싶어요. (공원 : 公園)

③ 冬にはソウルへ行きたいです。(冬 : 겨울)

第6課 化粧品が買いたいです。| 141

　日本語の助詞「～が」は韓国語の主格助詞「-이/가」に当たりますが、「～がしたい」という希望を表す場合は「-을/를 하고 싶다」になります。なお、「?」をつければ疑問形になります。会話では「-을/를」をよく省略します。

비빔밥 + 먹고 싶다 → 비빔밥을 먹고 싶어요(?)

ビビンバ　　　　食べたい　　　　　　ビビンバが食べたいです（か）

공부 + 하고 싶다 → 공부를 하고 싶어요(?)

勉強　　　　　したい　　　　　　勉強がしたいです（か）

会話では
「비빔밥 먹고 싶어요！」
のように
助詞「-을/를」を
よく省略しますよ。

練習1　　次の語を 例 のように直してみましょう。

例 책 (本) + 읽다 + 싶다	책을 읽고 싶어요 (本が読みたいです)
한국 노래 + 듣다 (聴く) + 싶다	
떡볶이 + 먹다 + 싶다	
제목 (題名) + 알다 (知る) + 싶다	
김치 + 만들다 (作る) + 싶다	

練習2　　次の文をそれぞれ日本語と韓国語に訳してみましょう。

① 한국 드라마를 보고 싶어요.

② 새 가방을 사고 싶어요. (새 : 新しい)

③ 友だちに手紙を書きたいです。(友だちに : 친구에게、手紙 : 편지)

聞き手に誘いかけたり、自分の言ったことや考えなどについて「同意」を求めたり、「確認」したりするときは、語幹に「−죠」をつけます。「−죠」は「−지요」の縮約形で、まとめると以下のようになります。

① 相手に誘いかける：〜ましょう

　　내일 같이 서점에 가죠.　　明日、一緒に本屋に行きましょう。

② 同意を求める：〜でしょうね、〜ますよね

　　이 옷은 예쁘죠?　　この服はかわいいでしょう？

③ 確認する：〜ですね、〜でしょうね、〜ますね、〜ましょうね

　　그 사람은 일본 사람이죠?　　あの人は日本人でしょうね。

가다 → 가죠(?)　　먹다 → 먹죠(?)　　좋다 → 좋죠(?)

行く　　行きましょう（ね）　　食べる　　食べましょう（ね）　　よい　　よいでしょう（ね）

例

基本形	語幹	語幹＋죠
타다 （乗る）	타	타죠 （乗りましょう・乗りますよね）
살다 （住む）	살	살죠 （住むでしょう・住みますよね）
듣다 （聞く）	듣	듣죠 （聞くでしょう・聞きますよね）
빠르다 （速い）	빠르	빠르죠 （速いでしょう・速いですよね）
맛있다 （おいしい）	맛있	맛있죠 （おいしいでしょう・おいしいですよね）
운동하다 （運動する）	운동하	운동하죠 （運動するでしょう・運動しますよね）

練習1 ⋯⋯ 次の語を 例 のように直してみましょう。

例 먹다　（食べる）	먹죠　（食べましょう・食べますよね）
받다　（もらう）	
입다　（着る）	
알다　（わかる）	
길다　（長い）	
재미있다　（面白い）	
시작하다　（始める）	
학생이다　（学生だ）	

練習2 ⋯⋯ 次の文をそれぞれ日本語と韓国語に訳してみましょう。

① 같이 점심을 먹죠.

② 자, 회의를 시작하죠. (자 : さあ、회의 : 会議)

③ 私の髪、長いでしょう？ （私の : 제、髪 : 머리、長い : 길다 ）

MEMO

動詞や形容詞の語幹に、パッチムがある場合は「−으면」を、パッチムがない場合や「ㄹ」語幹の場合は「−면」を付ければ仮定や条件の「〜ば」、「〜と」、「〜たら」などの意味になります。

먹다 → 먹으면
食べる　　食べれば

가다 → 가면
行く　　行けば

놀다 → 놀면
遊ぶ　　遊べば

「〜ば」「〜と」「〜たら」などの仮定や条件はいずれも「−(으)면」だね！

基本形	語幹	仮定・条件
있다（ある、いる）	있	있으면（あれば、いれば）
받다（もらう）	받	받으면（もらえれば）
걷다*1（歩く）	걷	걸으면（歩けば）
빠르다（速い）	빠르	빠르면（速ければ）
만들다（作る）	만들	만들면（作れば）
맛있다（おいしい）	맛있	맛있으면（おいしければ）
일하다（働く）	일하	일하면（働けば）
학생이다（学生だ）	학생이	학생이면（学生であれば）

*1「걷다」は「ㄷ不規則動詞」なので、語幹「걷」のパッチムの「ㄷ」を「ㄹ」に変えて「으면」をつけます。「듣다」なども同じです。

練習1 ・・・・・・ 次の語を 例 のように直してみましょう。

例 있다 （ある、いる）	있으면 （あれば、いれば）
가다 （行く）	
*듣다 （聞く）	
살다 （住む、暮らす）	
읽다 （読む）	
없다 （ない、いない）	
좋다 （いい）	
늦다 （遅い）	
조용하다 （静かだ）	

練習2 ・・・・・・ 次の文をそれぞれ日本語と韓国語に訳してみましょう。

① 김치를 먹으면 몸에 좋아요.

② 그 영화가 재미있으면 보고 싶어요.

③ その歌を聞くと気分がいいです。（ 気分：기분 ）

MEMO

6-6 -(으)면 돼요(?)：〜すればいいです（か）〔許可・許容〕

動詞や形容詞の語幹末にパッチムがある場合は「-으면 돼요」を、パッチムがない場合や「ㄹ」語幹の場合は「-면 돼요」を付ければ、「〜すればいいです」という意味になります。「?」をつければ疑問形になります。

먹다 → **먹**으면 돼요(?)　　　　**가다** → **가**면 돼요(?)
食べる　　食べればいいです（か）　　　行く　　行けばいいです（か）

例

基本形	語幹	許可・許容
자다　（寝る）	자	자면 돼요　（寝ればいいです）
먹다　（食べる）	먹	먹으면 돼요　（食べればいいです）
걷다[*1]　（歩く）	걷 → 걸	걸으면 돼요　（歩けばいいです）
만들다　（作る）	만들	만들면 돼요　（作ればいいです）
연락하다　（連絡する）	연락하	연락하면 돼요　（連絡すればいいです）

*1は 6-5 を参考

練習1 　　　次の語を 例 のように直してみましょう。

例 가다　（行く）	가면 돼요　（行けばいいです）
오다　（来る）	
듣다[*1]　（聞く）	
살다　（暮らす、住む）	
읽다　（読む）	
싸다　（安い）	
공부하다　（勉強する）	

*1は 6-5 を参考

① 몇 시까지 모이면 돼요? (모이다 : 集まる)

② CD를 많이 들으면 돼요. (많이 : たくさん)

③ 速く歩けばいいです。(速く : 빨리)

韓国いろいろ ❶

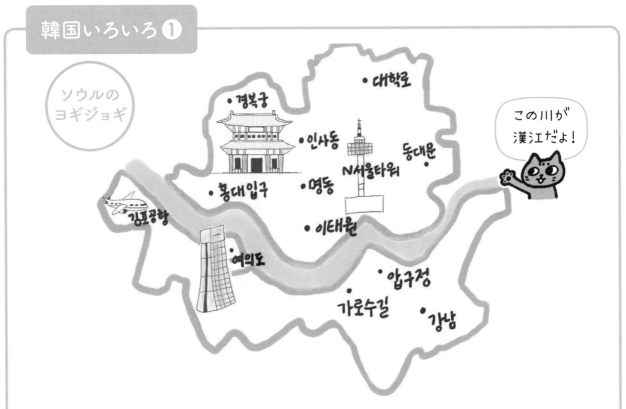

ソウルの
ヨギジョギ

この川が
漢江だよ！

　ソウルは韓国の総人口の約5分の1の約1千万人が住んでいる大都市です。ソウルの真ん中を流れる漢江（한강、ハンガン）を中心に南側の江南（강남、カンナム）と北側の江北（강북、カンブク）に分かれています。江南地域は高層マンションとオフィスビルが林立し、若者が集うおしゃれな店が多いです。一方、江北地域は明洞（명동、ミョンドン）や東大門（동대문、トンデムン）などの商業施設や、景福宮をはじめとする朝鮮時代の宮殿、ソウル市庁、大統領府の青瓦台など名所が集まっています。

　ソウルの旅で利用する地下鉄は、1号線から9号線まであり、とても便利で快適なので、観光やショッピング、グルメなど여기저기（ヨギジョギ：あちこち）思い思いの場所に出かけてみましょう！

発音のきまり

口蓋音化 こうがいおんか

　パッチム（終声）「ㄷ, ㅌ」のあとに母音の「이」が続くとそれぞれ [지] や [치] と発音されます。これを口蓋音化といいます。

> **発音**
>
> 굳이 → (구디) → [**구**지] あえて
> ク チ
>
> 같이 → (가티) → [**가**치] 一緒に
> カ チ

061

 062

パッチム	＋接続	口蓋音化	例
ㄷ	이	→ 지	맏이 [마지]（長男・長女） 해돋이 [해도지]（日の出） 굳이 [구지]（あえて）
ㅌ		→ 치	같이 [가치]（一緒に） 붙이다 [부치다]（貼る）

練習問題　　次の語を 例 のように発音通りに書いてください。

例 같이 一緒に → [가치]

① 밭이 畑が → [　　　　　　　]

② 여닫이 引き戸 → [　　　　　　　]

1 次の文を日本語に訳してみましょう。

（1）불고기하고 냉면을 먹고 싶어요.

→ _____

（2）하와이에서 살고 싶어요.

→ _____

（3）내일 도서관에서 같이 공부하죠.

→ _____

（4）친구를 만나면 같이 영화를 보고 싶어요.

→ _____

（5）여기에서 조금만 기다리면 돼요.（조금만：少しだけ）

→ _____

2 次の文を韓国語に訳してみましょう。

（1）今日は家で休みたいです。

→ _____

（2）この本、おもしろいでしょう。（「-죠」を使って答える）

→ _____

（3）雨が降るとチヂミが食べたいです。（雨が降る：비가 오다、チヂミ：지짐이）

→ _____

（4）図書館の前で会いましょう。（「-죠」を使って答える）

→ _____

（5）今、病院に行けばいいです。（病院：병원）

→ _____

3 次の質問に韓国語で答えましょう。（声に出して!!）

（1）오늘 점심은 뭘 먹죠?

→ _____

（2）세일을 하면 뭘 사고 싶어요?（세일：セール）

→ _____

（3）연휴 때 어디에 가고 싶어요?（연휴：連休）

→ _____

（4）내일은 몇 시에 일어나면 돼요?

→ _____

（5）시간이 있으면 뭐 하고 싶어요?

→ _____

ことばのマダン 말 마당 ⑥

趣味
취미

🔊 063

スポーツ	映画鑑賞	散歩	読書	音楽鑑賞	囲碁	将棋
ス ポ チュ 스포츠	ヨンファガムサン 영화감상	サン チェク 산책	トク ソ 독서	ウマクカムサン 음악감상	パ ドゥク 바둑	チャン ギ 장기

山登り	釣り	旅行	野球	サッカー	料理	生け花
トゥン サン 등산	ナク ッシ 낚시	ヨ ヘン 여행	ヤ グ 야구	チュ ック 축구	ヨ リ 요리	コッ コ ジ 꽃꽂이

第7課 비빔밥이 좋아요?

ビビンバが好きですか。

❶ 하나 : 상우 씨는 비빔밥이 좋아요?

❷ 상우 : 네, 육회비빔밥이 좋아요.

　　　　하나 씨는 뭘 먹어요?

❸ 하나 : 오늘은 불고기를 먹고 싶어요.

❹ 상우 : 그럼, 불고기하고 육회비빔밥을 주문해요.

❺ 하나 : 다음에는 갈비하고 냉면도 맛보고 싶어요.

❻ 상우 : 좋아요! 다음 주 일요일에 수원에서 같이 먹어요.

· 좋아요 [조아요]

· 육회 [유쾨]

· 비빔밥이 [비빔빠비]

· 먹어요 [머거요]

· 먹고 [먹꼬]

· 싶어요 [시퍼요]

· 맛보고 [맏뽀고]

· 같이 [가치]

❶ –씨〔氏〕：〜さん、비빔밥：ビビンバ、먹어요？：食べますか（「먹다（食べる）」の丁寧な疑問形）」

❷ 육회〔肉膾〕：ユッケ、뭘（← 무얼 ← 무엇을）：何を

❸ 오늘：今日、불고기：プルゴギ

❹ 그럼：では、–하고：〜と、주문해요：注文しましょう（「주문하다（注文する）」の丁寧な勧誘形）

❺ 다음에는：今度は、갈비：カルビ、냉면〔冷麵〕：冷麵、맛보다：味わう、食べてみる

❻ 다음 주：来週、일요일〔日曜日〕：日曜日、수원〔水原〕：スウォン。カルビで有名なソウル近郊の地名、같이：一緒に、먹어요：食べましょう（「먹다（食べる）」の丁寧な勧誘形）

● 日本語訳 ●

❶ ハ　ナ：サンウさんはビビンバが好きですか。

❷ サンウ：はい、ユッケビビンバが好きです。ハナさんは何を食べますか。

❸ ハ　ナ：今日はプルゴギを食べたいです。

❹ サンウ：では、プルゴギとユッケビビンバを注文しましょう。

❺ ハ　ナ：今度は、カルビと冷麵も食べてみたいです。

❻ サンウ：いいですね！　来週の日曜日に水原で一緒に食べましょう。

朝鮮半島
の地図

중국
中国

백두산
白頭山 ▲

함경북도
咸鏡北道

청진
清津

혜산
恵山

량강도
両江道

강계
江界

자강도
慈江道

조선민주주의인민공화국(북한)
朝鮮民主主義人民共和国 (北朝鮮)

함경남도
咸鏡南道

함흥
咸興

신의주
新義州

평안북도
平安北道

평안남도
平安南道

평양
平壤

원산
元山

동해
東海

황해북도
黄海北道

강원도
江原道

금강산
金剛山 ▲

황해남도
黄海南道

사리원
沙里院

개성
開城

춘천
春川

강릉
江陵

해주
海州

경기도
京畿道

대한민국
大韓民国

강원도
江原道

인천 仁川

서울
ソウル

울릉도
鬱陵島

수원 水原

충청북도
忠清北道

안동
安東

황해
黄海

충청남도
忠清南道

청주 清州

대전 大田

경상북도
慶尚北道

전주
全州

대구
大邱

경주
慶州

전라북도
全羅北道

울산
蔚山

경상남도
慶尚南道

창원
昌原

부산
釜山

광주 光州

전라남도
全羅南道

진도
珍島

남해
南海

일본
日本

한라산
漢拏山

제주도
済州島 ▲

1) 韓国語の用言（用言：述語になる動詞・形容詞）

　日本語（用言の辞書形）は、「行く、読む、食べる、見る」などの動詞は「ウ段」で、「おいしい、いい、忙しい、寒い」などの形容詞は「〜い」で、また、「静かだ、きれいだ」などの形容動詞は語尾が「〜だ」で終わります。

　一方、韓国語は、「가다（行く）、읽다（読む）、먹다（食べる）、보다（見る）」などの動詞も、「맛있다（おいしい）、좋다（いい）、바쁘다（忙しい）、춥다（寒い）」や「조용하다（静かだ）、예쁘다（きれいだ）」などの形容詞も語尾はいずれも「-다」で終わります。

韓国語は動詞も形容詞も語尾は全部「-다」で終わります！

　韓国語の用言の語幹は語尾「-다」を除いた部分です。

가　다 行く
語幹　語尾

먹　다 食べる
語幹　語尾

좋　다 よい
語幹　語尾

좋아하　다 好きだ
語幹　　　語尾

2) 韓国語学習に役立つ用語

　用言（動詞や形容詞）の活用の勉強のために、基本的な下記の用語を覚えておくと何かと便利です。

用語	解説	例
基本形	日本語の辞書形にあたる言い切りの形で、動詞も形容詞も全部「다」で終わる	가다（行く）、먹다（食べる）、좋다（いい）、좋아하다（好きだ）
語幹	基本形から語尾「다」をとった形	가-, 먹-, 좋-, 좋아하-
語尾	基本形から語幹をとった形で、いずれも「다」	-다, -다, -다, -다
陽母音	語幹の最後の母音が「ㅏ, ㅗ, ㅑ」の場合	가다（行く）、좋다（よい）
陰母音	語幹の最後の母音が「ㅏ, ㅗ, ㅑ」でない場合	먹다（食べる）、읽다（読む）

−아요/어요 ～です、～ます、～てください、～ましょう

　語幹に「−아요/어요」を付ける「해요体」は、日本語の「です」、「ます」に当たります。非格式体で柔らかい丁寧な表現で、命令や勧誘のときにも使えます。「−요」を付けるとき、動詞・形容詞の語幹と語尾の間に「아」や「어」という「つなぎ」のことばが加わります。（「합니다体」は 5-5 を参考）

　下の表のように平叙文・疑問文・命令文・勧誘文のすべてに同じ形で使えます。

◀ 一石四鳥「해요体」▶

文体＼言語	日本語	韓国語
平叙文	食べます（食べています）	먹어요
疑問文	食べますか（食べていますか）	먹어요?
命令文	食べなさい	먹어요
勧誘文	食べましょう	먹어요

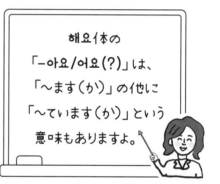

해요体の「−아요/어요(?)」は、「～ます（か）」の他に「～ています（か）」という意味もありますよ。

① 語幹の最後の文字の母音が陽母音（ㅏ, ㅗ, ㅑ）のときは「아」をつなぎます。

語幹の母音が陽母音の「ㅏ」だね。　陽母音なので「아」をつけますよ！

받다 もらう → 받아요 もらいます

② 語幹の最後の文字の母音が陰母音（ㅏ, ㅗ, ㅑ以外の母音）のときは「어」をつなぎます。

語幹の母音が陰母音の「ㅓ」だね。　陰母音なので「어」をつけますよ！

먹다 食べる → 먹어요 食べます

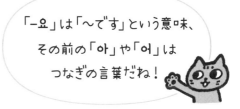

「－요」は「～です」という意味、
その前の「아」や「어」は
つなぎの言葉だね！

練習 例のように「해요体」に変えてみましょう。

例 먹다（食べる）	먹어요（食べます）	길다（長い）
받다（もらう）		짧다（短い）
입다（着る）		좋다（よい）
알다（わかる）		멀다（遠い）

MEMO

　日本語の「する」に当たる「하다」は陽母音語幹ですが、例外的に丁寧形の語尾「여요」が接続し「하여요」となります。しかし、縮約した形の「해요」が一般的に使われます。

연락하다 → 연락하여요 → 연락해요(?)
連絡する　　　　　　　　　　　連絡します（か）・連絡しましょう（か）

例
- 사랑하다 (愛する) → 사랑해요
- 약속하다 (約束する) → 약속해요
- 따뜻하다 (暖かい) → 따뜻해요

- 잘하다 (上手だ) → 잘해요
- 전화하다 (電話する) → 전화해요
- 이야기하다 (話す) → 이야기해요

練習1　　次の語を 例 のように「해요体」に直してみましょう。

例 연락하다 (連絡する)	연락해요	시원하다 (涼しい)	
노래하다 (歌う)		피곤하다 (疲れる)	
공부하다 (勉強する)		일하다 (働く)	

練習2　　次の文をそれぞれ日本語と韓国語に訳してみましょう。

① 아버지는 은행에서 일해요.

② 가을에는 시원해요?

③ 授業の後、カフェで話しましょう。（授業：수업、後（に）：후에、カフェ：카페）

-하고 : 〜と

「-하고」は「-와/과」と同じく「〜と」という意味ですが、話しことばでよく使われます。

Point ◀ 助詞 -하고 : 〜と ▶

〜と	パッチム（有）	-하고	책하고 本と
	パッチム（無）		노트하고 ノートと

例
- 빵（パン） → 빵하고
- 우유（牛乳） → 우유하고
- 밥（ご飯） → 밥하고
- 커피（コーヒー） → 커피하고

練習1 次の語を 例 のように「-하고」を使って直してみましょう。

例 김치（キムチ）+ 김（海苔）	김치하고 김	대학（大学）+ 사회（社会）
노래（歌）+ 춤（踊り）		우유（牛乳）+ 빵（パン）
비빔밥（ビビンバ）+ 김밥（キムパプ）		선생님（先生）+ 학생（学生）

練習2 次の文をそれぞれ日本語と韓国語に訳してみましょう。

① 누나하고 여동생이 있어요.

② 日本と韓国の選手ですね。（選手：선수）

③ カバンに水とマスクがあります。（水：물、マスク：마스크）

韓国語の曜日名は、日本語と同じ漢字語なので、発音も似ています。

065

日曜日	月曜日	火曜日	水曜日	木曜日	金曜日	土曜日
イ リョイル 일요일	ウォリョイル 월요일	ファ ヨ イル 화요일	ス ヨ イル 수요일	モ ギョイル 목요일	ク ミョイル 금요일	ト ヨ イル 토요일

練習 次の曜日を線で結びなさい。

수요일　　토요일　　목요일　　일요일　　월요일　　화요일　　금요일
・　　　　・　　　　・　　　　・　　　　・　　　　・　　　　・

・　　　　・　　　　・　　　　・　　　　・　　　　・　　　　・
日曜日　　月曜日　　火曜日　　水曜日　　木曜日　　金曜日　　土曜日

MEMO

ときを表すいろんなこと
ばを覚えておきましょう。

午前	午後
오전	오후

おととい	昨日	今日	明日	あさって
그저께	어제	오늘	내일	모레

	朝	昼	夕（方）
とき	아침	낮	저녁
ごはん		점심	

「朝」も「朝ご飯」も「아침」、
「夕方」も「夕ご飯」も「저녁」と
言うんだね！

「점심」は「点心」という漢字語ですが、
中華料理の軽食「テンシン」の意味はなく、
「お昼ご飯」の意味です。
ちなみに、「テンシン」のことは
「딤섬」と言いますよ。

先週	今週	来週
지난주	이번 주	다음 주

発音のきまり
激音化 <small>げきおんか</small>

パッチムの「ㄱ (ㄱ, ㄲ, ㅋ)」、「ㄷ (ㄷ, ㅌ, ㅅ, ㅆ, ㅈ, ㅊ)」、「ㅂ (ㅂ, ㅍ)」の次に「ㅎ」が続くとき、それぞれ「ㅎ」と合体して激音の [ㅋ]、[ㅌ]、[ㅍ]、[ㅊ] と発音されます。なお、「ㅎ」パッチムの次に「ㄱ」、「ㄷ」、「ㅂ」、「ㅈ」が続くときは、それぞれ合体して [ㅋ]、[ㅌ]、[ㅍ]、[ㅊ] に変わります。これを激音化と言います。

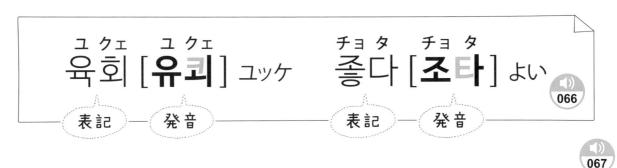

육회 [유쾨] ユッケ　　좋다 [조타] よい

表記 — 発音　　　　表記 — 発音

066

067

パッチム	＋接続	激音化	例
[ㄱ] (ㄱ, ㄲ, ㅋ)	ㅎ	→ ㅋ	축하 [추카] 祝賀　　국화 [구콰] 菊
[ㄷ] (ㄷ, ㅌ, ㅅ, ㅈ, ㅊ)	ㅎ	→ ㅌ	몇 해 [멷해 → 며태] 何年間
[ㅂ] (ㅂ, ㅍ)	ㅎ	→ ㅍ	입학 [이팍] 入学　　집합 [지팝] 集合
ㅎ	ㄱ	→ ㅋ	좋고 [조코] よくて
	ㄷ	→ ㅌ	좋다 [조타] よい
	ㅈ	→ ㅊ	좋지만 [조치만] よいが

練習問題　　　　次の単語を 例 のように発音通り書いてください。

例 육회 (ユッケ) → [유쾨]

① 좋고 （よくて） → [　　　　　　　]　　② 백화점 （百貨店） → [　　　　　　　]

③ 노랗다 （黄色い） → [　　　　　　　]　　④ 잡학 （雑学） → [　　　　　　　]

⑤ 좋지요 （いいでしょう） → [　　　　　　　]

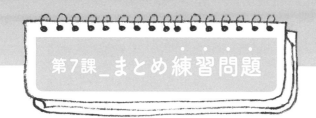

1️⃣ 次の文を日本語に訳してみましょう。

（1）아침은 보통 빵을 먹어요.

　　→ _____

（2）하나 씨, 이거 받아요! 선물이에요.

　　→ _____

（3）그 집 육회는 아주 맛있어요.

　　→ _____

（4）토요일에도 회사에 가요?

　　→ _____

（5）같이 한국어 공부해요!

　　→ _____

2️⃣ 次の文を韓国語に訳してみましょう。（すべてを「해요体」に）

（1）到着したら連絡しましょう。（到着する：도착하다）

　　→ _____

（2）今度、カンジャンケジャンが食べたいです。（カンジャンケジャン：간장게장）

　　→ _____

（3）お母さんは毎日、韓国のドラマを見ます。

　　→ _____

（4）最近、ラジオをよく聞きます。（最近：요즘）

　　→ _____

（5）学校はいつ卒業しますか。（いつ：언제、卒業：졸업하다）

　　→ _____

3 次の質問に韓国語で答えましょう。(声に出して!!)

（1）보통 아침에는 뭘 먹어요?

→ _____

（2）지금 어디에 살아요?

→ _____

（3）무슨 요일을 좋아해요?

→ _____

（4）요즘 어떤 책을 읽어요?（어떤：どんな）

→ _____

（5）언제 청소와 빨래를 해요?（청소：掃除、빨래：洗濯）

→ _____

ことばのマダン 말 마당 ❼

場所名②
장소 이름

🔊 068

ホテル	駅	公園	銀行	郵便局	博物館	美術館
ホテル	ヨク	コンウォン	ウ ネン	ウ チェ グク	パン ムルグァン	ミ スルグァン
호텔	역	공원	은행	우체국	박물관	미술관

お寺	教会	劇場	映画館	空港	百貨店	警察署
チョル	キョ フェ	ククチャン	ヨンファグァン	コン ハン	ペ クァ ジョム	キョンチャル ソ
절	교회	극장	영화관	공항	백화점	경찰서

韓国の おもしろ ことわざ ②

친구 따라 강남 간다

<ruby>친<rt>チン</rt></ruby><ruby>구<rt>グ</rt></ruby> <ruby>따<rt>ッタ</rt></ruby><ruby>라<rt>ラ</rt></ruby> <ruby>강<rt>カン</rt></ruby><ruby>남<rt>ナム</rt></ruby> <ruby>간<rt>ガン</rt></ruby><ruby>다<rt>ダ</rt></ruby>.

直訳 友達について江南*1に行く

意訳 牛に引かれて善光寺参り*2

解説 他人につられて、思いがけずどこかへ出かけたり、または、人につられて同じことをしたりすることのたとえ。

*1 江南は中国の揚子江の南。ツバメなどが飛んでいく南の国。

*2 「牛に引かれて善光寺参り」は良い意味で使うが、「친구 따라 강남 간다」はそれよりも使われる範囲が
   広い。

目的をたずねる

069

❶ 상우 : 하나 씨 지금 뭐 봐요?

❷ 하나 : 한복 카탈로그를 봐요.

❸ 상우 : 내일 토요일엔 뭐 해요 ?

❹ 하나 : 동대문시장에 가요.

　　　　 치마저고리를 좀 사고 싶거든요.

❺ 상우 : 택시를 타요?

❻ 하나 : 아뇨, 전철로 가요.

· 토요일엔 [토요이렌]

· 한복을 [한보글]

· 싶거든요 [십꺼든뇨]

❶ 뭐：何（を）、봐요?：見ますか（「보다（見る）」の丁寧な疑問形）

❷ 한복〔韓服〕：ハンボク（韓国の伝統服）、카탈로그：カタログ

❸ 내일〔来日〕：明日、토요일〔土曜日〕：土曜日、-엔：～には（「-에는」の縮約形）、해요：します（「하다（する）」の丁寧形）

❹ 동대문시장：東大門市場、가요：行きます（「가다（行く）」の丁寧形）、좀：ちょっと、치마 저고리：チマチョゴリ（女性用の韓服。치마はスカート、저고리は上衣のこと）、사다：買う、-거든요：～んですよ

❺ 택시：タクシー、타요?：乗りますか（「타다（乗る）」の丁寧な疑問形）

❻ 전철〔電鉄〕：電車、-로：～で（道具・手段）

● 日本語訳 ●

❶ サンウ：ハナさん、今、何を見ているんですか。

❷ ハ　ナ：韓服のカタログを見ています。

❸ サンウ：明日の土曜日には何をしますか。

❹ ハ　ナ：東大門市場に行きます。

　　　　　ちょっとチマチョゴリを買いたいんですよ。

❺ サンウ：タクシーに乗りますか。

❻ ハ　ナ：いいえ、電車で行きます。

–아요/어요	～です、～ます、～てください、～ましょう

　7課で勉強したとおり、日本語の「～です、～ます」にあたる丁寧な意味の「요」を付けるとき、語幹末の母音が「ㅏ, ㅗ, ㅑ」の陽母音の場合は後ろに「–아」を付け、それ以外の場合は後ろに「–어」を付けます。

　ただし「가다」「서다」などのように語幹末の母音が「ㅏ, ㅓ, ㅕ」の場合は、後ろに付く「–아/어」を省略するのが原則です。また、「내다」「세다」などのように語幹末の母音が「ㅐ, ㅔ」の場合は、「–아/어」を省略しないで使うこともできます。

가다 → (가아요) → 가요(?)
行く　　　　　　　　　行きます (か)

서다 → (서어요) → 서요(?)
停まる　　　　　　　　停まります (か)

내다 → (내어요) → 내어요/내요(?)
出す　　　　　　　　　出します (か)

> ㅏ（ア），ㅓ（オ），ㅕ（ヨ），ㅐ（エ），ㅔ（エ）！
> つまり、立っている母音文字は「요」を
> つけるとき「아」も「어」も省略するのか！
> 「アオヨエ〜な！」と覚えちゃおうっと！！

> ネコヤンイ君、굿 아이디어! 좋아요!
> ただし、立っている母音文字でも
> 「ㅣ」だけは例外になりますよ。
> (＊ 8-2 参考)

基本形	語幹	省略形	丁寧形「해요体」
가다（行く）	가	ㅏ + 아 → ㅏ	(＊가아요 →) 가요
서다（立つ）	서	ㅓ + 어 → ㅓ	(＊서어요 →) 서요
펴다（開く）	펴	ㅕ + 어 → ㅕ	(＊펴어요 →) 펴요
내다（出す）	내	ㅐ + 어 → ㅐ	(내어요 →) 내요
세다（数える）	세	ㅔ + 어 → ㅔ	(세어요 →) 세요

＊部分の表現は実際には使いません。

例	
・타다 (乗る) → 타요	・켜다 (点ける) → 켜요
・나다 (出る) → 나요	・개다 (畳む) → 개(어)요
・나가다 (出かける) → 나가요	・재다 (測る) → 재(어)요
・건너다 (渡る) → 건너요	・메다 (かつぐ) → 메(어)요

練習1　例 のように「해요体」に変えてみましょう。

例 가다 （行く）	가요 （行きます）	서다 （止まる）
사다 （買う）		켜다 （つける）
자다 （寝る）		보내다 （送る）
건너다 （渡る）		건네다 （渡す）

練習2　次の文をそれぞれ日本語と韓国語に訳してみましょう。

① 보통 열두 시에 자요.

② 이 전철은 오다와라에 서요?

③ 会社にメールを送ります。

MEMO

1 「오다, 배우다, 이기다, 되다」などのように語幹末の母音が「ㅗ, ㅜ, ㅣ, ㅚ」の場合は、後ろに付く「아/어」
と合体し「ㅘ, ㅝ, ㅕ, ㅙ」となります。

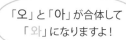 「오」と「아」が合体して
「와」になりますよ！

 「우」と「어」が合体し
たら「워」になるんだね！

오다 → （<u>오아</u>요） → **와요(?)**
来る　　　　　　　　　　　来ます（か）

배우다 → （배<u>우어</u>요） → **배워요(?)**
習う　　　　　　　　　　　　習います（か）

基本形	語幹	合体形	丁寧形「해요体」
오다（来る）	오	ㅗ + 아 → ㅘ	（*오아요 →）와요
배우다（学ぶ、習う）	배우	ㅜ + 어 → ㅝ	（*배우어요 →）배워요
마시다（飲む）	마시	ㅣ + 어 → ㅕ	（마시어요 →）마셔요
되다（なる）	되	ㅚ + 어 → ㅙ	（되어요 →）돼요

＊部分の表現は実際には使いません。

2 ただし、「쉬다, 띄다」のように語幹末の母音が「ㅟ, ㅢ」の場合は合体が起こりません。

쉬다 → (쉬어요) → 쉬어요(?)
休む　　　　　　　　　休みます(か)

基本形	語幹	非合体形	丁寧形「해요体」
쉬다（休む）	쉬	ㅟ + 어	쉬어요
띄다（目立つ）	띄	ㅢ + 어	띄어요

例
- 오다（来る）→（오아）→ 와요
- 보다（見る）→（보아）→ 봐요
- 배우다（習う）→（배우어）→ 배워요
- 주다（あげる、くれる）→（주어）→ 줘요

- 기다리다（待つ）→（기다리어）→ 기다려요
- 다니다（通う）→（다니어）→ 다녀요
- 뛰다（走る）→（뛰어）→ 뛰어요
- 희다（白い）→（희어）→ 희어요

練習1　次の語を 例 のように「해요体」に変えてみましょう。

例 오다 （来る）	와요 （来ます）	다니다 （通う）	
두다 （置く）		바뀌다 （変わる）	
싸우다 （戦う）		달리다 （走る）	

練習2　次の文をそれぞれ日本語と韓国語に訳してみましょう。（韓国語訳は「해요体」に）

① 매일 아침에 뉴스를 봐요?

② 같이 열두 시까지 기다려요.

③ 毎日、服が変わります。

韓国語にも程度を表す副詞が多くあります。使用頻度の高い副詞から覚えましょう。

ちょっと	とても	とても	あまりにも	本当に
좀	아주	매우	너무	정말

練習2 　　　　次の文をそれぞれ日本語と韓国語に訳してみましょう。

① 한국 드라마는 아주 재미있어요. (재미있다 : おもしろい)

② 일본은 교통비가 좀 비싸요. (교통비 : 交通費、비싸다 : 高い)

③ 이 식당의 요리는 本当에 おいしいです。(食堂 : 식당、おいしい : 맛있다)

手段・道具を表す意味の「～で」にあたる韓国語は「－로／으로」です。名詞の最後の音節にパッチムがない場合や「ㄹ」パッチムの場合は「－로」、パッチムがある場合は「－으로」をつけます。

지우개로　ケシゴムで　　　　**연필**로　鉛筆で　　　　**볼펜**으로　ボールペンで

パッチム（無）　　　　　　「ㄹ」パッチム　　　　　　パッチム（有）

 助詞 −로/으로 : 〜で

	パッチム（無）	−로	지우개로　（ケシゴムで）
〜で	「ㄹ」パッチム		연필로　（鉛筆で）
	パッチム（有）	−으로	볼펜으로　（ボールペンで）

例
- 담배（たばこ）→ 담배로
- 술（お酒）→ 술로
- 볼펜（ボールペン）→ 볼펜으로

- 수박（すいか）→ 수박으로
- 딸기（いちご）→ 딸기로
- 복숭아（桃）→ 복숭아로

練習1　次の語を 例 のように直してみましょう。

例 김치（キムチ）	김치로（キムチで）	사과（りんご）
컴퓨터（パソコン）		빵（パン）
막걸리（マッコリ）		발（足）

練習2　次の文をそれぞれ日本語と韓国語に訳してみましょう。（韓国語訳は「해요体」で）

① 사과로 주스를 만들어요.

② 인터넷으로 숙제를 해요.（인터넷：インターネット、숙제：宿題）

③ 地下鉄で行きます。（地下鉄：지하철）

8-5 −을／를 타다：〜に乗る、−을／를 만나다：〜に会う

「〜に乗る」は直訳すると「−에 타다」、「〜に会う」は 直訳すると「−에 만나다」ですが、それぞれの韓国語の表現は「−을/를 타다 (〜を乗る)」、「−을/를 만나다 (〜を会う)」になります。

택시를 타요(?)
タクシーに乗ります（か）

선생님을 만나요(?)
先生に会います（か）

Point ◀ −을／를 타다：〜に乗る、−을／를 만나다：〜に会う ▶

パッチム（有）	−을	지하철을 타요 （地下鉄に乗ります） 선생님을 만나요 （先生に会います）
パッチム（無）	−를	버스를 타요 （バスに乗ります） 친구를 만나요 （友だちに会います）

練習1 次の語を 例 のように（　　　）の中に適語を書き入れなさい。

例 배 （船）	배(를) 타요	선배 （先輩）	선배（　　）만나요
비행기 （飛行機）	비행기（　　）타요	형 （兄）	형（　　）만나요
지하철 （地下鉄）	지하철（　　）타요	사장님 （社長）	사장님（　　）만나요

練習2 次の文を日本語と韓国語に訳してみましょう。

① 인천공항에서 친구를 만나요. (인천공항：仁川空港)

② 서울역에서 택시를 타요?

③ 東大門市場で地下鉄に乗りましょう。(東大門市場：동대문시장)

動詞や形容詞の語幹に「−거든요」を付けると理由や根拠を表します。パッチムの有無にかかわらず用言の語幹に「−거든요」を付ければいいです。

먹다 → **먹**거든요　　**가다** → **가**거든요
食べる　　　食べるんです　　　行く　　　行くんです

좋다 → **좋**거든요　　**크다** → **크**거든요
いい　　　いいんですよ　　　大きい　　　大きいんです

「−거든요」は日常会話で
よく使うくだけた表現です。

基本形	語幹	理由・根拠
만나다 （会う）	만나	만나거든요 （会うんです）
맛있다 （おいしい）	맛있	맛있거든요 （おいしいんです）
읽다 （読む）	읽	읽거든요 （読むんです）
산책하다 （散歩する）	산책하	산책하거든요 （散歩するんです）

練習1　　次の語を 例 のように直してみましょう。

例 가다 （行く）　　　　　　가거든요 （行くんです）

듣다 （聞く）

쓰다 （書く）

알다 （わかる、知る）

공부하다 （勉強する）

練習2　　次の文をそれぞれ日本語と韓国語に訳してみましょう。

① 매일 CD 를 듣거든요.　　　　　　② 영어 공부도 하거든요.

③ ファンレターをハングルで書きたいんですよ。（ ファンレター：팬레터 ）

「ㅎ」の無音化と弱音化

「좋아요」「넣어요」「많아요」などのようにパッチム「ㅎ」の後に母音が続くと「ㅎ」はほとんど発音せずに、[조아요]、[너어요]、[마나요] などのように発音します。

また、「은행」「결혼」などのようにパッチム「ㄴ, ㄹ, ㅁ, ㅇ」の後に「ㅎ」が続くと、「ㅎ」の音は弱まり [으냉]、[겨론] と発音されます。

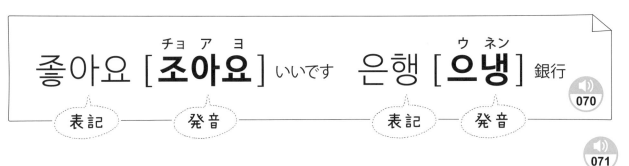

좋아요 [**조아요**] いいです 은행 [**으냉**] 銀行

070

071

パッチム	＋接続	無音化	例
ㅎ	母音	ㅎ → 無	좋아요 [조아요] いいです 놓아요 [노아요] 置きます 넣어요 [너어요] 入れます 괜찮아요 [괜차나요] 大丈夫です
パッチム	＋接続	弱音化	例
ㄴ, ㄹ, ㅁ, ㅇ	ㅎ	ㅎ → ㅎ	신호 [신호/시노] 信号 말해요 [말해요/마래요] 話します 심해요 [심해요/시매요] ひどいです

練習問題 　次の単語の発音を 例 のように発音通りに書いてみましょう。

例 좋아요 （いいです）→ [조아요]

① 낳아요 （産みます）→ [　　　　　　] 　　② 가지 않아요 （行きません）→ [　　　　　　]

③ 넣어요 （入れます）→ [　　　　　　] 　　④ 전화 （電話）→ [　　　　　　]

⑤ 영화 （映画）→ [　　　　　　]

1️⃣ 次の文を日本語に訳してみましょう。

（1）신칸센으로 고베에 가요. 고베에서 친구를 만나요.（신칸센：新幹線）

→ _____

（2）다음 달부터 같이 한국어 교실에 다녀요!

→ _____

（3）지난주부터 한국 요리를 배우거든요.

→ _____

（4）교과서 몇 쪽을 펴요?（쪽：ページ）

→ _____

（5）트렁크는 안내 데스크 뒤에 둬요.（트렁크：スーツケース、안내：案内）

→ _____

2️⃣ 次の文を韓国語に訳してみましょう。

（1）何番バスに乗りますか。（何番：몇 번）

→ _____

（2）飛行機で福岡へ行きます。

→ _____

（3）日曜日は休みます。

→ _____

（4）週末は家で韓国語の宿題をします。（週末：주말）

→ _____

（5）トッポッキが好きなんですよ。（トッポッキ：떡볶이）

→ _____

3 次の質問に韓国語で答えましょう。（声に出して!!）

（1）요즘 무엇을 배워요?

→ _____

（2）요즘 무슨 드라마를 봐요?

→ _____

（3）오후에 누구를 만나요?

→ _____

（4）집까지 어떻게 가요?（어떻게：どのように）（駅や交通手段について話す）

→ _____

（5）왜 한국어를 배워요?（왜：なぜ、どうして）（「−거든요」を使って答えましょう）

→ _____

ことばのマダン 말 마당 ⑧

飲み物
마실 것

🔊 072

水	お酒	コーヒー	紅茶	緑茶	ビール	焼酎
ムル	スル	コ ピ	ホン チャ	ノク チャ	メク チュ	ソ ジュ
물	술	커피	홍차	녹차	맥주	소주

ウイスキー	マッコリ	サイダー	コーラ	ジュース	お湯	麦茶
ヤン ジュ	マッコル リ	サイ ダ	コル ラ	チュ ス	タットゥタン ムル	ポ リ チャ
양주	막걸리	사이다	콜라	주스	따뜻한 물	보리차

ホ ラン イ ド チェ マ ラ ミョン オン ダ
호랑이도 제 말하면 온다.

直訳 虎も自分の話をすれば来る。

類句 うわさをすれば影が差す。

解説 人のうわさ話をしていると、不意に当人が現れるという意味。当人がいないからとむやみにうわさ話をするものではないという戒めの意味もある。

한국 드라마 자주 안 봐요?

韓国のドラマ、あまり見ていないんですか。

趣味について話す 073

① 상우 : 요즘은 한국 드라마 자주 안 봐요?

② 하나 : 네, 보고 싶지만 자주 못 봐요.

주말에 보려고 해요.

③ 상우 : 그럼, 내일은 같이 영화 보러 가요!

④ 하나 : 내일은 못 가요. 숙제가 많거든요.

이번 주 토요일은 어때요?

⑤ 상우 : 좋아요! 이번 주 토요일 열두 시에 홍대 앞에서 만나요!

⑥ 하나 : 그래요! 점심도 먹으러 가요!

- 못 가요 [몯까요]
- 못 봐요 [몯뽜요]
- 많거든요 [만커든뇨]

① 요즘：最近・この頃、드라마：ドラマ、자주：よく、頻繁に、まめに
안 봐요：見（てい）ません（「보다（見る）」の丁寧な否定形）

② −지만：〜だが、자주：あまり、そんなに、못 봐요：見られません（「보다（見る）」の丁寧な不可能形）、주말〔週末〕：週末、−려고 해요：〜ようと思います

③ 그럼：では、내일：明日、같이：一緒に、영화：(映画)、보러 가요：見に行きましょう「보러 가다（見に行く）」の丁寧な勧誘形

④ 못 가요：行けません（「가다（行く）」の丁寧な不可能形）、숙제：(宿題)、많다：多い、많거든요：多いんですよ、이번 주：今週、어때요?：どうですか

⑤ 홍대 [弘大：弘益大学の縮約形] 앞：ホンデの前（若者が集まる賑やかな街）、만나요：行きましょう（「만나다（会う）」の丁寧な勧誘形）

⑥ 그래요：そうしましょう、점심〔点心〕：昼ごはん

● 日本語訳 ●

① サンウ：最近、韓国ドラマをあまり見ていないんですか？（←直 よく見ませんか）

② ハ　ナ：はい、見たいのですがあまり見られません。週末に見ようと思います。

③ サンウ：では、明日は一緒に映画を見に行きましょう！

④ ハ　ナ：明日は行けません。宿題が多いんですよ。今週土曜日はどうですか。

⑤ サンウ：大丈夫です。今週土曜日 12 時にホンデ前で会いましょう。

⑥ ハ　ナ：そうしましょう。昼ごはんも食べに行きましょう。

　　日本語の「〜ない」という否定形にあたる韓国語は二通りあり、一つは 動詞や形容詞の前に「안」をつける形、もう一つは辞書形から「-다」を取って＋「-지 않아요」を付ける形です。ここでは、「-지 않아요」よりくだけた表現の「안-」否定形を勉強しましょう。

가요 → 안 가요(?)
行きます　　行かないです（か）

먹어요 → 안 먹어요(?)
食べます　　食べないです（か）

　動詞・形容詞の前に
「안」をつければ「〜ない」という
意味の否定形になりますよ。

例　・와요（来ます）→ 안 와요（来ないです）

　　・좋아해요（好きです）→ 안 좋아해요（好きじゃないです）

◀ 反意語で否定 ▶

　　ただし、次のように反意語を使うことばもあります。覚えておきましょう。

「알다」（知る、分かる）↔「모르다」（知らない、分からない）（○）　※ 안 알다（×）
「있다」（ある）↔「없다」（ない）（○）　※ 안 있다（×）

◀ 「하다 動詞」の否定 ▶

　　また、「공부하다（勉強する）」「운동하다（運動する）」などのように「名詞＋하다」の「하다動詞」の場合は、名詞と「하다」の間に「안」を入れます。

공부하다（勉強する）― 공부해요（勉強します）― 공부 안 해요（勉強しないです）

운동하다（運動する）― 운동해요（運動します）― 운동 안 해요（運動しないです）

공부해요 ↔ 공부 안 해요（○）	안 공부해요（×）
운동해요 ↔ 운동 안 해요（○）	안 공부해요（×）

◀「하다形容詞」や「1字漢字＋하다」用言の否定 ▶

　ただし、「좋아하다 (好きだ)」「조용하다 (静かだ)」などのような「하다形容詞」や「편하다 (楽だ)」、「통하다 (通じる)」などのような「1字漢字＋하다」用言の場合は、用言の前に「안」を付けます。

좋아해요	↔ 안 좋아해요 （○） 好きではないです	좋아 안 해요 （×）	
조용해요	↔ 안 조용해요 （○） 静かではないです	조용 안 해요 （×）	
편〔便〕해요	↔ 안 편해요 （○） 楽ではないです	편 안 해요 （×）	
통〔通〕해요	↔ 안 통해요 （○） 通じないです	통 안 해요 （×）	

基本形	「해요」体	否定形
만나다 （会う）	만나요	안 만나요　会わないです（会いません）
쉬다 （休む）	쉬어요	안 쉬어요　休まないです（休みません）
짜다 （しょっぱい）	짜요	안 짜요　しょっぱくないです
좋다 （よい）	좋아요	안 좋아요　よくないです
산책하다 （散歩する）	산책해요	산책 안 해요　散歩しません

練習1　　次の語を 例 のように直してみましょう。

例 가다 　（行く）　　　안 가요 　（行かないです〈行きません〉）

비싸다 （値段が高い）

받다 　（もらう）

좋다 　（よい）

운동하다 （運動する）

조용하다 （静かだ）

편하다 （楽だ）

① 보통 아침은 안 먹어요.

② 지금은 비가 안 와요.

③ 日曜日には勉強をしません。

9−2 −지만　〜ですが、〜けど〔逆接・前提〕

動詞や形容詞の語幹のパッチムの有無にかかわらず「−지만」を付けると、逆接や前提の「〜ですが」「〜けど」などの意味になります。

가다 → **가**지만
行く　　行きますが

먹다 → **먹**지만
食べる　　食べますが

基本形	語幹	逆接・前提
가다（行く）	가	가지만（行きますが）
만나다（会う）	만나	만나지만（会いますが）
팔다（売る）	팔	팔지만（売りますが）
입다（着る）	입	입지만（着ますが）
신다（履く）	신	신지만（履きますが）

練習1 次の語を 例 のように直してみましょう。

例 가다（行く）	가지만（行きますが）	없다（ない、いない）	
보다（見る）		빠르다（速い）	
타다（乗る）		늦다（遅い）	
좋다（よい）		공부하다（勉強する）	

① 한국어는 발음은 어렵지만 재미있어요. (발음 : 発音)

② 열심히 공부하지만 금방 잊어요. (열심히 : 一生懸命、금방 : すぐ、잊다 : 忘れる)

③ お金はありませんが、幸せです。(幸せだ : 행복하다)

9−3　不可能形　못＋動詞　〜できない

韓国語では、「〜できない」という「不可能」を表す表現は二通りあります。

　　① 動詞の前に「못」を付ける。(例：못 가다)

　　② 語尾「−다」を取って「−지 못하다」をつける。(例：가지 못하다)

なお、いずれも「?」をつければ疑問形になります。

①は「短い不可能形」、②は「長い不可能形」とも言われていますが、ここでは、話し言葉でよく使われる

①の「短い不可能形」について勉強しましょう。

가다 − 못 가다 − 못 가요(?)
行く　　　　行けない　　　行けないです〈か〉

◀ 一般動詞の不可能形 ▶

動詞の前に「못」をつける。

基本形	해요体	不可能形
가다（行く）	가요（行きます）	못 가요(?)（行けないです〈か〉）
먹다（食べる）	먹어요（食べます）	못 먹어요(?)（食べられないです〈か〉）
하다（する）	해요（します）	못 해요(?)（できないです〈か〉）

◀「하다動詞」の不可能形 ▶

名詞に「하다」が結び付いた動詞の場合は「名詞」と「하다」の間に「못」を入れる。

基本形	해요体	不可能形
공부하다（勉強する）	공부해요（勉強します）	공부 못 해요(?)（勉強できないです〈か〉）
운동하다（運動する）	운동해요（運動します）	운동 못 해요(?)（運動できないです〈か〉）
연락하다（連絡する）	연락해요（連絡します）	연락 못 해요(?)（連絡できないです〈か〉）

◀ 1字漢字＋「하다動詞」の不可能形 ▶

1字漢字＋「하다動詞」の場合はその動詞の前に「못」を付けます。

基本形	해요体	不可能形
정하다（決める）	정해요（決めます）	못 정해요(?)（決められないです〈か〉）
피하다（避ける）	피해요（避けます）	못 피해요(?)（避けられないです〈か〉）

例

基本形	해요体	不可能形
가다（行く）	가요	못 가요（行けないです）
타다（乗る）	타요	못 타요（乗れないです）
팔다（売る）	팔아요	못 팔아요（売れないです）
입다（着る）	입어요	못 입어요（着られないです）
운동하다（運動する）	운동해요	운동 못 해요（運動できないです）

練習1 次の語を例のように直してみましょう。

例 가다 （行く）	못 가요 （行けないです）
보다 （見る）	
받다 （もらう）	
이기다 （勝つ）	
청소하다 （掃除する）	
피하다 （避ける）	

練習2 次の文をそれぞれ日本語と韓国語に訳してみましょう。

① 아직 한국 소설은 못 읽어요. (아직 : まだ、소설 : 小説)

② 요즘엔 좀처럼 운동 못 해요. (좀처럼 : なかなか)

③ まだ、約束出来ないです。(約束 : 약속)

MEMO

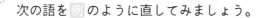

「～が好きだ」、「～が嫌いだ」は韓国語では「－을/를 좋아하다 (～を好きだ)」、「－을/를 싫어하다 (～を嫌いだ)」と表現します。

－을/를 좋아하다
～が好きだ

－을/를 싫어하다
～が嫌いだ

「～が好きだ」と言いたい場合は
「－을/를 좋아하다」(～を好きだ)
という表現を使うんだね！

練習1 （　　　）の中に助詞を書き入れなさい。

① 나는 한국 노래(　　　) 좋아해요.　　　　私は韓国の歌が好きです。

② 김치(　　　) 싫어해요?　　　　　　　　キムチが嫌いですか。

③ 빵(　　　) 좋아해요.　　　　　　　　　パンが好きです。

練習2 次の文をそれぞれ日本語と韓国語に訳してみましょう。

① 어머니는 한국 요리를 좋아해요.

② 어떤 음식을 싫어해요? (어떤: どんな、음식: 食べ物)

③ 旅行が好きです。(旅行: 여행)

MEMO

動詞の語幹末にパッチムがある時は「‒으러」、パッチムがない時は「‒러」を付けると「～（し）に」という意味になります。後ろには「가다（行く）」、「오다（来る）」などの移動動詞が続きます。

먹다 → **먹으러**
食べる　　食べに

만나다 → **만나러**
会う　　　会いに

パッチムのある語には「‒으러」、ない語には「‒러」だね！

基本形	語幹	目的
쉬다 （休む）	쉬	쉬러 （休みに）
받다 （もらう）	받	받으러 （もらいに）
듣다 （聞く）	듣 → 들	들으러 （聞きに）
찾다 （探す）	찾	찾으러 （探しに）
공부하다 （勉強する）	공부하	공부하러 （勉強しに）

「‒(으)러」の次は必ず「가다 行く」、「오다 来る」などの移動動詞が来ますよ！

練習1　　　次の語を 例 のように直してみましょう。

例 만나다 （会う）　　　만나러 （会いに）　　　묻다 （尋ねる）

사다 （買う）　　　　　　　　　　　　　　　빌리다 （借りる）

놀다 （遊ぶ）　　　　　　　　　　　　　　　공부하다 （勉強する）

練習2　　　次の文をそれぞれ日本語と韓国語に訳してみましょう。

① 공부하러 도서관에 가요.

② 오늘 친구들이 우리 집에 놀러 와요.

③ 本を買いに本屋に行きます。

9−6 −(으)려고 해요 : ～しようと思います〔目的・意図〕

目的や意図を表す「～しようと思います」という表現は、動詞の語幹末にパッチムがあるときは「−으려고 해요」、ないときは「−려고 해요」を付けます。

먹다 → **먹**으려고 해요　　　　**보다** → **보**려고 해요
食べる　　　食べようと　思います　　　見る　　　見ようと　思います

パッチムのある語には「−으려고」、
ない語には「−려고」だね！

基本形	語幹	目的・意図
쉬다 （休む）	쉬	쉬려고 해요 （休もうと思います）
읽다 （読む）	읽	읽으려고 해요 （読もうと思います）
받다 （もらう）	받	받으려고 해요 （もらおうと思います）
듣다*1 （聞く）	듣 → 들	들으려고 해요 （聞こうと思います）
살다*2 （住む）	살	살려고 해요 （住もうと思います）
공부하다 （勉強する）	공부하	공부하려고 해요 （勉強しようと思います）

*1「**듣다 → 들으려고**」：「듣다」は「ㄷ」不規則動詞で「ㄷ」が「ㄹ」に変わって「−으려고」をつけて「들으려고」になります。ただし、「받다 → 받으려고」は規則動詞で、他の子音語幹の動詞と同じく語幹「받」に「−으려고」をつけます。

*2「**살다 → 살려고**」：「ㄹ」パッチムの場合、語幹「살」にそのまま「−려고」をつけます。

練習1 ⟩⟩ 次の語を 例 のように直してみましょう。

例 만나다 （会う）	만나려고 해요 （会おうと思います）
먹다 （食べる）	
걷다 （歩く）	
빌리다 （借りる）	
놀다 （遊ぶ）	
연락하다 （連絡する）	

練習2 ⟩⟩ 次の文をそれぞれ日本語と韓国語に訳してみましょう。

① 도시락을 사려고 편의점에 가요.

② 친구하고 시부야에서 놀려고 해요.

③ 夕ご飯は少しだけ食べようと思います。（少しだけ：조금만）

MEMO

発音のきまり 「ㄴ」添加

　「명동역」、「서울역」などのように合成語において、前の単語に「ㄴ, ㅁ, ㄹ, ㅇ」などのパッチムがあり、後ろの語の語頭に「야, 여, 요, 유, 이」が続くと、母音の「ㅇ」のところに「ㄴ」が添加され、それぞれ [냐, 녀, 뇨, 뉴, 니] と発音されます。

ミョンドン　ヨク　　　　　　　　ミョンドンニョク
명동 ＋ 역 → 명동역 [**명동녁**] 明洞駅
（074）

ソ　ウル　ヨク　　　　　　　　　ソ　ウルニョク　　　ソ　ウルリョク
서울 ＋ 역 → 서울역 [**서울녁** → **서울력**＊] ソウル駅

> ここで変わった「ㄴ」がまた「ㄹ」に変わり、
> ソウルリョクとなります。

（075）

パッチム	＋接続	「ㄴ」の添加		例
ㄴ ㄹ ㅁ ㅇ	야 여 요 유 이	→ → → → →	냐 녀 뇨 뉴 니	무슨 (何) ＋ 요일 (曜日) → 무슨 요일 [무슨 뇨일] 무슨 (何) ＋ 약 (薬) → **무슨 약** [무슨냑] 시청 (市庁) ＋ 역 (駅) → **시청역** [**시청녁**]

〰️ 練習問題 〰️　次の単語の発音を 例 のように発音通り書いてみましょう。

例 무슨 요일 （何曜日） → [무슨뇨일]

① 한여름 （真夏） → [　　　　　　　]

② 그림엽서 （絵葉書） → [　　　　　　]

③ 두통약 （頭痛薬） → [　　　　　　]

④ 물약 （水薬） → [　　　　　]

1　次の文を日本語に訳してみましょう。

（1）밤에는 커피를 안 마셔요.

　　→ _____

（2）택시는 편하지만 잘 안 타요.（편하다：楽だ、잘：あまり）

　　→ _____

（3）친구를 마중하러 공항에 가요.（마중하다：出迎える）

　　→ _____

（4）부모님께 크리스마스 선물을 보내려고 해요.（부모님〔父母ー〕：両親）

　　→ _____

（5）보통 주말에는 집에서 쉬어요.（보통〔普通〕：普段）

　　→ _____

2　次の文を韓国語に訳してみましょう。

（1）花を買いに花屋に行きます。（花屋：꽃집）

　　→ _____

（2）ダイエットをしようと(思って)、ビールは飲みません。（ダイエット：다이어트）

　　→ _____

（3）服を買おうと(思って) デパートへ行きます。

　　→ _____

（4）薬をもらいに薬局へ行きます。（もらう：받다、薬局：약국）

　　→ _____

（5）休みたいのですが休めません。

　　→ _____

3 次の質問に韓国語で答えましょう。（声に出して!!）

（1）영화 보러 보통 어디로 가요?

  → _____

（2）오늘 점심은 뭘 먹으러 가요?

  → _____

（3）이번 주말에 뭐 하려고 해요?

  → _____

（4）지금, 밖에 비가 와요?

  → _____

（5）어떤 운동을 좋아해요?

  → _____

ことばのマダン 말 마당 ❾

干支
띠

イノシシ年は韓国では
ブタ年になります。

076

자〔子〕	축〔丑〕	인〔寅〕	묘〔卯〕	진〔辰〕	사〔巳〕
チュイッティ	ソッ ティ	ホ ラン イッティ	トッ キッティ	ヨンッティ	ペムッティ
쥐띠	소띠	호랑이띠	토끼띠	용띠	뱀띠
오〔午〕	미〔未〕	신〔申〕	유〔酉〕	술〔戌〕	해〔亥〕
マルッティ	ヤンッティ	ウォンスンイッティ	タッ ティ	ケッ ティ	トゥェジッティ
말띠	양띠	원숭이띠	닭띠	개띠	돼지띠

韓国の おもしろ ことわざ ④

낮말은 새가 듣고

밤말은 쥐가 듣는다

ナン　マルン　セ　ガ　トゥッコ　パン　マルン　チュイ　ガ　トゥンヌン　ダ
낮말은 새가 듣고 밤말은 쥐가 듣는다.

直訳 昼の話は鳥が聞き、夜の話はネズミが聞く。

類句 壁に耳あり障子に目あり。

解説 誰も聞いていないところでも、言葉には気をつけなければならないということ。また、いくら秘密にしたところで必ず人の耳に入るようになっているという意味もある。

어제는 뭐 했어요?
昨日は何をしましたか。

過去のことについて話す

① 상우 : 어제는 뭐 했어요?

② 하나 : 친구하고 광장시장에 갔어요.

③ 상우 : 광장시장에서 뭐 먹었어요?

④ 하나 : 빈대떡하고 김밥을 먹었어요.

⑤ 상우 : 맛이 좋았어요?

⑥ 하나 : 네, 값도 싸고 아주 맛있었어요.

・했어요 [해써요]

・갔어요 [가써요]

・먹었어요 [머거써요]

・빈대떡하고 [빈대떠카고]

・김밥을 [김빠블]

・맛이 [마시]

・값도 [갑또]

・맛있었어요 [마시썯써요]

① 했어요? : しましたか（「하다（する）」の丁寧な過去疑問形）

② 광장시장 [広蔵市場クァンジャンシジャン]：ソウルにある伝統市場

③ 먹었어요? : 食べましたか（「먹다（食べる）」の丁寧な過去疑問形）

④ 빈대떡 : ピンデトック（緑豆粉に具を入れて焼いたチヂミ）

⑤ 좋았어요? : よかったですか（「좋다（よい）」の丁寧な過去疑問形）

⑥ 값 : 値段、-도 : ～も、싸고 : 安くて、맛있었어요 : おいしかったです（「맛있다（おいしい）」の丁寧な過去形）

● 日本語訳 ●

① サンウ : 昨日は何をしましたか。

② ハ　ナ : 友だちと広蔵市場に行きました。

③ サンウ : 広蔵市場で何を食べましたか。

④ ハ　ナ : ピンデトックとキムパプを食べました。

⑤ サンウ : おいしかったですか。

⑥ ハ　ナ : はい、値段も安いし、とてもおいしかったです。

10-1 過去形（1）語幹末がパッチムで終わる場合

　動詞や形容詞を過去形にするためには、陽母音語幹＋「아」、陰母音語幹＋「어」に過去を表す「ㅆ」を付けます。その後に「해요体」は「어요」、「합니다体」は「습니다」を付けます。つまり、「해요体」の場合は、語幹に「-았어요/었어요」、「합니다体」は語幹に「-았습니다/었습니다」を付ければよいです。

받다 → (받아 ＋ ㅆ ＋ 다) → **받았다** → **받았어요(?)**
もらう　　　　　　　　　　　　　　　　もらった　　　もらいました（か）

먹다 → (먹어 ＋ ㅆ ＋ 다) → **먹었다** → **먹었어요(?)**
食べる　　　　　　　　　　　　　　　　食べた　　　　食べました（か）

過去は人人か！
「過去のある人人」と
覚えちゃおうっと！

例

基本形	「해요体」現在形	過去形	「해요体」過去形
받다（もらう）	먹어요	먹었-	먹었어요（食べました）
먹다（食べる）	받아요	받았-	받았어요（もらいました）
있다（ある、いる）	있어요	있었-	있었어요（ありました、いました）
없다（ない）	없어요	없었-	없었어요（なかったです）
좋다（よい）	좋아요	좋았-	좋았어요（よかったです）
싫다（嫌いだ）	싫어요	싫었-	싫었어요（嫌いでした）
듣다*（聞く）	들어요	들었-	들었어요（聞きました）

＊「듣다」は「ㄷ」不規則動詞

練習1   次の語を 例 のように直してみましょう。

例 먹다 （食べる）　　　먹었어요 （食べました）

웃다 （笑う）

낳다 （産む）

열다 （開ける）

닫다 （閉める）

많다 （多い）

적다 （少ない）

練習2   次の文をそれぞれ日本語と韓国語に訳してみましょう。

① 아침은 커피하고 샌드위치를 먹었어요. (샌드위치 : サンドイッチ)

② 그 역은 작았어요. (작다 : 小さい)

③ 弟が窓を開けました。(窓 : 창문)

MEMO

　「가다, 서다, 펴다」のように①語幹末の母音が「ㅏ, ㅓ, ㅕ」で終わり、後ろに「-아/어」が続くとき、「-아/어」は省略されます。また、「내다, 세다」のように②語幹末の母音が「ㅐ, ㅔ」で終わる場合は後ろの「-아/어」を省略しないものもありましたね。いずれも過去形に直すときは、「-ㅆ어요」を付けます。

① **가다** → (가어 → 가 ＋ ㅆ ＋ 다) → **갔다** → **갔어요(?)**
　　行く　　　　　　　　　　　　　　　　　　　　　行った　　行きました（か）

② **내다** → (내어 → 내어/내 ＋ ㅆ ＋ 다) → **내었다 / 냈다**
　　出す　　　　　　　　　　　　　　　　　　　　　　　　出した

　→ **내었어요 / 냈어요(?)**
　　　　出しました（か）

例

基本形	「해요体」現在形	過去形	「해요体」過去形
가다（行く）	가요	갔-	갔어요 （行きました）
서다（立つ）	서요	섰-	섰어요 （立ちました）
펴다（開く）	펴요	폈-	폈어요 （開きました）
내다（出す）	내요	내었/냈-	내었어요/냈어요 （出しました）
세다（数える）	세요	세었/셌-	세었어요/셌어요 （数えました）

練習1 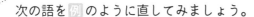 次の語を **例** のように直してみましょう。

例 가다 （行く）	갔어요 （行きました）
자다 （寝る）	
건너다 （渡る）	
보내다 （送る）	
베다 （切る）	

練習2 次の文をそれぞれ日本語と韓国語に訳してみましょう。

① 어젯밤에는 일찍 잤어요. (어젯밤 : 昨夜)

② 친구한테 메일을 보냈어요. (–한테 : (人)に)

③ 昨日、デパートに行きました。

MEMO

　「－아/어」を付けて「해요体」を作るとき、「보다, 주다, 마시다, 되다」などのように語幹が①「ㅗ, ㅜ, ㅣ, ㅚ」の母音で終わるものは「－아/어」と合体して「봐, 줘, 마셔, 돼」になります。

　また「쉬다, 띄다」などのように語幹末の母音が②「ㅟ, ㅢ」の母音で終わるものは合体が起こらず「쉬어, 띄어」になりましたね。

　これらの用言を過去形にするときは、いずれも「해요体」の「봐, 줘, 마셔, 돼」や「쉬어, 띄어」に「－ㅆ－」を付けて「봤, 줬, 마셨, 됐」や「쉬었, 띄었」のようになります。

① 오다 →（오아 → 와 ＋ ㅆ ＋ 다）→ 왔다 → 왔어요(?)
　　来る　　　　　　　　　　　　　　　来た　　来ました（か）

② 뛰다 →（뛰어 → 뛰어 ＋ ㅆ ＋ 다）→ 뛰었다 → 뛰었어요(?)
　　走る　　　　　　　　　　　　　　　走った　　走りました（か）

例

基本形	「해요体」現在形	過去形	「해요体」過去形
오다（来る）	와요	왔-	왔어요（来ました）
배우다（学ぶ）	배워요	배웠-	배웠어요（学びました）
마시다（飲む）	마셔요	마셨-	마셨어요（飲みました）
되다（なる）	돼요	됐-	되었어요/됐어요（なりました）
쉬다（休む）	쉬어요	쉬었-	쉬었어요（休みました）
띄다（目立つ）	(눈에) 띄어요	띄었-	(눈에) 띄었어요（目立ちました）

練習1 ────── 次の語を 例 のように直してみましょう。

例 오다 （来る）	왔어요 （来ました）
보다 （見る）	
주다 （あげる、くれる）	
기다리다 （待つ）	
바뀌다 （変わる）	
희다 （白い）	

練習2 ────── 次の文をそれぞれ日本語と韓国語に訳してみましょう。

① 어제 한국 영화를 봤어요.

② 호텔 로비에서 선생님을 기다렸어요. （로비 : ロビー）

③ ソウルから友だちが来ました。

MEMO

「하다（する）」の「해요体」の「해」に過去を表す「ㅆ」をつけると「했」になります。そこに丁寧な意味を表す語尾「어요」をつけると「했어요（しました）」になります。

하다 → (**해** + ㅆ + **다**) → **했다** → **했어요(?)**
する　　　　　　　　　　　　　　　　した　　しました（か）

例

基本形	「해요体」現在形	過去形	「해요体」過去形
공부하다 （勉強する）	공부해요	공부했−	공부했어요 （勉強しました）
사랑하다 （愛する）	사랑해요	사랑했−	사랑했어요 （愛しました）
이야기하다 （話す）	이야기해요	이야기했−	이야기했어요 （話しました）
조용하다 （静かだ）	조용해요	조용했−	조용했어요 （静かでした）

練習1　　　次の語を 例 のように直してみましょう。

例 공부하다 （勉強する）	공부했어요 （勉強しました）
결혼하다 （結婚する）	
세탁하다 （洗濯する）	
운동하다 （運動する）	
따뜻하다 （暖かい）	
시원하다 （涼しい）	

練習2　　　次の文をそれぞれ日本語と韓国語に訳してみましょう。

① 오늘 아침에 운동했어요.

② 방 안은 시원했어요.

③ 姉は昨年 (に) 結婚しました。（昨年に：작년에）

10–5 －이다（指定詞）の過去形

「－이다（〜だ、〜である）」と、その否定形「－이/가 아니다（〜ではない）」の過去形は「－이었다/였다－」、「－이/가 아니었다－」になります。

－이다 → －이었다/였다 → －이었어요/였어요(?)
〜である 〜であった 〜でした（か）

基本形	パッチム	過去形	「해요体」過去形
－(이)다 （〜だ、〜である）	あり	－이었－	책이었어요（本でした）
	なし	－였－	노트였어요（ノートでした）
－이/가 아니다 （〜ではない）	あり	－이 아니었－	책이 아니었어요（本ではありませんでした）
	なし	－가 아니었－	노트가 아니었어요（ノートではありませんでした）

名詞	〜だ、〜である	〜でした	〜ではありませんでした
회사원 （会社員）	회사원이다	회사원이었어요	회사원이 아니었어요
학생 （学生）	학생이다	학생이었어요	학생이 아니었어요
선수 （選手）	선수다	선수였어요	선수가 아니었어요
간호사 （看護師）	간호사다	간호사였어요	간호사가 아니었어요

練習1　次の語を 例 のように直してみましょう。

例 주스이다 （ジュースだ）　　주스였어요 （ジュースでした）

학생이다 （学生だ）

사과이다 （リンゴだ）

떡이 아니다 （お餅ではない）

第10課 昨日は何をしましたか。 | 205

練習2 ━━━ 次の文をそれぞれ日本語と韓国語に訳してみましょう。

① 좋아하는 음식은 냉면이었어요. (냉면 : 冷麺)

② 그 스포츠는 태권도였어요. (태권도 : テコンドー)

③ 여기는 もともと銀行でした。 (もともと : 원래)

10-6 ―고 : ～（し）て〔①並列、②動作の先行〕

　動詞や形容詞の語幹のパッチムの有無にかかわらず語幹に「―고」をつけると、動詞の場合は「並列」の意味の「～して」、また「動作の先行」の意味の「～して（から）」、形容詞の場合は「並列」の「～く（て）」、「～で」という意味になります。

> 動詞の語幹 ＋ 고　～（し）て、～して（から）〔①並列 ②動作の先行〕

보다 → 보고
見る　　見て（から）

먹다 → 먹고
食べる　　食べて（から）

> 形容詞の語幹 ＋ 고　～（し）て〔①並列〕

예쁘다 → 예쁘고
きれいだ　　きれいで

작다 → 작고
小さい　　小さく（て）

基本形【動詞】	語幹	①並列　②動作の先行
보다（見る）	보	보고（見て〈から〉）
입다（着る）	입	입고（着て〈から〉）
살다（暮らす、住む）	살	살고（暮らして〈から〉、住んで〈から〉）
듣다（聞く）	듣	듣고（聞いて〈から〉）
일하다（働く）	일하	일하고（働いて〈から〉）

基本形【形容詞】	語幹	①並列
좋다（よい）	좋	좋고（よくて）
나쁘다（悪い）	나쁘	나쁘고（悪くて）
친절하다（親切だ）	친절하	친절하고（親切で）

練習1　　次の語を 例 のように直してみましょう。

例 보다（見る）	보고（見て）	넓다（広い）
열다（開ける）		싫다（嫌だ）
마시다（飲む）		조용하다（静かだ）
자다（寝る）		연락하다（連絡する）

練習2　　次の文をそれぞれ日本語と韓国語に訳してみましょう。

① 하나 씨, 밥을 먹고 커피를 마셔요!

② 그 집은 넓고 깨끗했어요. (깨끗하다 : きれいだ)

③ ラジオも聞いて、テレビも見ます。

「何」は「무엇」ですが、話し言葉では以下のような縮約形がよく使われます。

何	何を	何が
무엇 → 뭐	무엇을 → 무얼 → 뭘	무엇이 → 뭐가

練習　　　次の文をそれぞれ日本語と韓国語に訳してみましょう。

① 오늘 아침은 뭘 먹었어요?

② 저게 뭐예요?

③ カバンの中に何がありますか。

MEMO

1　次の文を日本語に訳してみましょう。

（1）학교에 일찍 도착했어요.（일찍 : 早く、早めに）

→ _____

（2）어제는 밤에 늦게 잤어요.（늦게 : 遅く）

→ _____

（3）작년에 학교를 졸업하고 취직했어요.（졸업하다 : 卒業する、취직하다 : 就職する）

→ _____

（4）지난 주말에는 못 쉬었어요.

→ _____

（5）이 집은 친절하고 맛있어요.（집 : お店）

→ _____

2　次の文を韓国語に訳してみましょう。

（1）会議は何時に終わりましたか。（会議 : 회의、終わる : 끝나다）

→ _____

（2）水泳はいつ習いましたか。

→ _____

（3）年賀状を 20 通送りました。（年賀状 : 연하장、通 : 통、送る : 보내다）

→ _____

（4）朝はパンも食べて、牛乳も飲みます。

→ _____

（5）夕ご飯を食べてから、テレビを見ました。

→ _____

3 次の質問に韓国語で答えましょう。(声に出して!!)

（1） 어제는 몇 시에 잤어요?

　　 →＿＿＿＿＿＿＿＿＿＿＿＿＿＿＿＿＿＿＿＿＿＿＿＿

（2） 오늘 아침 신문 봤어요?

　　 →＿＿＿＿＿＿＿＿＿＿＿＿＿＿＿＿＿＿＿＿＿＿＿＿

（3） 어제는 저녁을 먹고 뭐 했어요?

　　 →＿＿＿＿＿＿＿＿＿＿＿＿＿＿＿＿＿＿＿＿＿＿＿＿

（4） 한국어 공부는 언제부터 했어요?

　　 →＿＿＿＿＿＿＿＿＿＿＿＿＿＿＿＿＿＿＿＿＿＿＿＿

（5） 그　식당은 뭐가 싸고 맛있어요?

　　 →＿＿＿＿＿＿＿＿＿＿＿＿＿＿＿＿＿＿＿＿＿＿＿＿

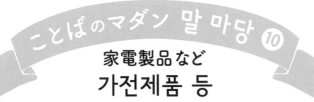

ことばのマダン 말 마당 ⑩

家電製品など
가전제품 등

🔊 078

テレビ	ラジオ	冷蔵庫	ビデオ	洗濯機	電子レンジ	クーラー
テルレ ビジョン 텔레비전	ラ ディ オ 라디오	ネンジャン ゴ 냉장고	ビ ディ オ 비디오	セ タッ キ 세탁기	チョンジャレインジ 전자레인지	エ オ コン 에어컨

炊飯器	カメラ	掃除機	携帯電話	電話	食器洗い機	パソコン
チョン ギ バブ ソッ 전기밥솥	カ メ ラ 카메라	チョン ソ ギ 청소기	ヒュ デ ポン 휴대폰	チョ ヌァ 전화	シッ キ セ チョッ キ 식기세척기	コン ピュ ト 컴퓨터

1 次の単語の意味を韓国語は日本語で、日本語は韓国語で書いてみましょう。

① 화장품　　　　　　　　　② 쉬다

③ 그런데　　　　　　　　　④ 같이

⑤ 배우다　　　　　　　　　⑥ 타다

⑦ 숙제　　　　　　　　　　⑧ 좋아하다

⑨ 보다　　　　　　　　　　⑩ 마시다

⑪ 会社　　　　　　　　　　⑫ 土曜日

⑬ 約束する　　　　　　　　⑭ 話す

⑮ 寝る　　　　　　　　　　⑯ 待つ

⑰ 多い　　　　　　　　　　⑱ 着る

⑲ 愛する　　　　　　　　　⑳ 親切だ

2 例 のように、次の単語を発音どおりにハングルで書いてみましょう。

例 못 가요 : [몯까요]

① 같이 : [　　　　　　　　] 　② 시작해요 : [　　　　　　　　]

③ 좋아요 : [　　　　　　　] 　④ 짧아요 : [　　　　　　　]

⑤ 막걸리 : [　　　　　　　] 　⑥ 보고 싶거든요 : [　　　　　　　]

3 例 から適語を選んで（　　　　）に入れてみましょう。

例 하고, 러, 으러, 였어요, 로, 으로, 을, 를

① 한국에 가서 간장게장(　　　　) 먹고 싶어요.

② 아침에는 보통 우유(　　　　) 빵을 먹어요.

③ 이름은 빨간색(　　　　) 쓰면 안 돼요.

④ 오늘은 친구를 만나(　　　　) 시부야에 갑니다.

⑤ 어머니는 결혼 전에는 간호사(　　　　).

4 例 のように次の空欄を埋めてみましょう。

文型 (해요体)		基本形	～です・ます形	
			합니다体	해요体
例 ～たいです	−고 싶어요	가다	가고 싶습니다	가고 싶어요
～たいです	−고 싶어요	배우다		
～でしょう	−지요/죠	맛있다	−	
～ればいいです	−(으)면 돼요?	가다		
		먹다		
～します	−아/어/여요	타다		
		오다		
		마시다		
		쉬다		
～するんです(よ)	−거든요	놀다	−	
		맛있다	−	
～ないです	안−	듣다		
		전화하다		
～できないです	못−	보다		
		공부하다		
～しに行きます	−(으)러 가요	먹다		
～ようと思います	−(으)려고 해요	만나다		
～しました (過去)	−았/었/였어요	기다리다		
		보다		
		사랑하다		

5 次のうち、正しいものを選び、〇をつけましょう。

（1）A．한국 노래를 듣고 싶어요. (　　　)

　　　B．한국 노래를 들고 싶습니다. (　　　)

　　　C．한국 노래를 듣고 시퍼요. (　　　)

（2）A．여기에서 먹면 돼요? (　　　)

　　　B．여기에서 먹으면 돼요. (　　　)

　　　C．여기에서 먹으면 되요. (　　　)

（3）A．일요일에는 공부 안 해요. (　　　)

　　　B．일요일에는 안 공부해요. (　　　)

　　　C．일요일에는 못 공부해요. (　　　)

（4）A．서울에서는 지하철에 타아요. (　　　)

　　　B．서울에서는 버스을 탑니다. (　　　)

　　　C．서울에서는 택시를 탑니다. (　　　)

（5）A．지난 주말에 카페에서 선생님에 만났어요. (　　　)

　　　B．지난 주말에 카페에서 선생님을 만나요. (　　　)

　　　C．지난 주말에 카페에서 선생님을 만났어요. (　　　)

6 下に与えられた語彙を参考に、次の対話を完成させましょう。

상우 : 하나 씨는 뭘 먹(　　　　　)?

하나 : 저는 떡볶이를 먹고 싶어요.

상우 : 참, 하나 씨는 떡볶이를 좋아하(　　　　　)?

하나 : 네, 조금 맵(　　　　) 맛있(　　　　).

상우 : 좋아요! 수업 후에 먹(　　　　).

-으러 가다, -지요, -지만, -거든요, -고 싶어요

7 与えられた語を並べ替えて文章を作ってみましょう。

例 가면, 지금, 돼요.

→　지금 가면 돼요.

（1）를, 드라마, 싫어요?, 어떤, 보고

→　_____

（2）공부하러, 오후, 가요, 에, 한국어를

→　_____

（3）카페, 같이, 기다려요, 에서

→　_____

（4）듣거든요, CD, 잘, 를, 안

→　_____

（5）좋아해요, 를, 너무, 김치

→　_____

8 空欄を埋めて文を完成させてみましょう。

（1）あの映画、面白いでしょう？〔確認〕

→　그 영화 (　　　　　　　　　　　　　　)?

（2）何時まで行けばいいですか。

→　몇 시까지 (　　　　　　　　　　　　　　)?

（3）土曜日には友達に会いたいです。

→　토요일에는 친구 (　　　　　　　　　　　　　　).

（4）韓国のドラマは面白いんですよ。（「−거든요」を使って）

→　한국 드라마는 (　　　　　　　　　　　　　　).

（5）授業に行けなかったです。

→　수업에 (　　　　　　　　　　　　　　).

9 次の文を韓国語と日本語に訳してみましょう。

（1）韓国語で話したいです。

　　　　→ _____

（2）化粧品はどこで買いますか。

　　　　→ _____

（3）김포공항에서 택시를 타려고 해요. 택시비가 싸거든요.

　　　　→ _____

（4）한국말을 배우지만 잘 못해요.

　　　　→ _____

（5）어제는 집에서 쉬었어요.

　　　　→ _____

10 次の質問に韓国語で答えましょう。（声に出して!!）

（1）한국에 가면 어디에 가고 싶어요?

　　　　→ _____

（2）이번 주말에 뭘 해요?

　　　　→ _____

（3）왜 지하철을 타요?（「-거든요」を使って）

　　　　→ _____

（4）영화를 자주 봐요?

　　　　→ _____

（5）전에도 김치를 좋아했어요?

　　　　→ _____

付録

Ⅰ. 解答

第1部　文字と発音

第2課
(2-1) ～ (3-4)
皆さんにハングルに親しんでいただくための問題のため、解答はありません。（以下★の問題は同じ）

第3課
(3-5)
練習1
① 구두 - 바나나 - 커피　② 뽀뽀 - 사이다 - 어머니
③ 라디오 - 부부 - 오후　④ 노래 - 두부 - 주스

第4課
(4-1)
▶発音のきまり：有声音化②
練習1
①（クンテ → クンデ）　②（イルポン → イルボン）
③（タムペ → タムベ）　④（カムキ → カムギ）
⑤（カンチャン → カンヂャン）
練習2、練習3 ★解答なし
▶発音のきまり：連音化（リェゾン）
練習
①（구거 ― クゴ）　②（워료일 ― ウォリョイル）
③（모미 ― モミ）　④（지븐 ― チブン）
⑤（소늘 ― ソヌル）　⑥（거러요 ― コロヨ）
(4-2)
練習2、練習3 ★解答なし

(4-4)
練習1
① [여덜／여덜비]　② [목／목시 → 목씨]
③ [갑／갑슨 → 갑쓴]　④ [흑／흘글]
⑤ [안자요]　⑥ [업서요 → 업써요]

総合問題 ❶　第1課－第4課
1 2 5 6 ★解答なし
3　1) ② 와요? （○）　2) ① 예의 （○）
　　3) ② 오이 （○）　4) ① 의의 （○）
4　1) ① 고 （○）　2) ③ 따 （○）
　　3) ② 추 （○）　4) ① 버 （○）
7　① (야)구　② (어)머니　③ (바)다　④ (비)싸다
　　⑤ (책)상　⑥ 불(고)기　⑦ 일(본)　⑧ (서)울
　　⑨ 가(방)　⑩ (부)엌　⑪ (무)릎　⑫ (눈)썹
　　⑬ 가(슴)　⑭ (입)술　⑮ (손)가락
8　① [아거]　② [바름]　③ [여덜비]　④ [흘기]
　　⑤ [널버요]　⑥ [발바요]　⑦ [절머요]
　　⑧ [아나요]　⑨ [안자요]　⑩ [일거요]
9　① きゅうり　② 豆腐　③ 父、お父さん　④ 妹
　　⑤ 本　⑥ 価格、価値　⑦ 山　⑧ 顔　⑨ 脚、橋
　　⑩ ない、いない
10　① 커피　② 여동생　③ 할머니　④ 시계　⑤ 발
　　⑥ 책　⑦ 꽃　⑧ 머리　⑨ 밤　⑩ 읽다

第1課

①-1
練習

例 김치 （キムチ）	김치는 （キムチは）
신문 （新聞）	신문은 （新聞は）
회사원 （会社員）	회사원은 （会社員は）
가방 （かばん）	가방은 （かばんは）
우유 （牛乳）	우유는 （牛乳は）
불고기 （焼肉）	불고기는 （焼肉は）

①-2
練習

① はい、ビジネスホテルです。

② いいえ、新聞です。

③ 네, 오늘은 어린이날입니다.

①-3
練習

例 김치 （キムチ）	김치입니까? （キムチですか?）
	김치입니다. （キムチです）
미국 사람 （アメリカ人）	미국 사람입니까?
	미국 사람입니다.
호텔 （ホテル）	호텔입니까?
	호텔입니다.
노래 （歌）	노래입니까?
	노래입니다.

①-4
練習2

① 가：このノートは英語のノートですか。

　나：はい、そのノートは 英語のノートです。

② 가：あのカバンは鈴木さんのカバンですか。

　나：はい、あのカバンは鈴木さんのカバンです。

①-5
練習

① 호텔 앞　② 테이블 위　③ 어린이 날

第1課 まとめ練習問題

 （1）こんにちは。韓国の方ですか。

　（2）いいえ、アメリカ人です。

　（3）釜山 （プサン） は初めてですか。

　（4）あの方はお父さんですか。

　（5）はい、このノートは韓国語のノートです。

 （1）저 주스는 오렌지주스입니다.

　（2）이 가방은 남동생 가방입니다.

　（3）어머니는 주부입니까?

　（4）네, 우리 언니/누나입니다.

　（5）아뇨, 한국 신문입니다.

 ※解答例

　（1）네, 일본 사람입니다./아뇨, 미국사람입니다.

　（2）네, 저 책은 한국어 책입니다./아뇨, 저 책은 영어 책입니다.

　（3）네, 이 과일은 참외입니다.

　（4）네, 그 우유는 바나나우유입니다.

　（5）네, 이 사람은 동생입니다.

第2課

②-1
練習1

例 노트 （ノート）	노트가 （ノートが）
눈 （雪）	눈이 （雪が）
비 （雨）	비가 （雨が）
비빔밥 （ビビンバ）	비빔밥이 （ビビンバが）
가방 （かばん）	가방이 （かばんが）
주스 （ジュース）	주스가 （ジュースが）
노래 （歌）	노래가 （歌が）
우유 （牛乳）	우유가 （牛乳が）

練習2

① 친구가　② 아버지가　③ 가방이

練習

① 여기는　② 어디가　③ 저기는

練習

① 今、お金がありません。　② 今日、約束がありますか。

③ 週末に時間ありますか?

練習

① 韓国語の本がありますか。　② 妹がいません。

③ 일본 돈이 있어요.

練習1

例 역 (駅)	역에 (駅に)
집 (家)	집에 (家に)
면세점 (免税店)	면세점에 (免税店に)
사우나에 (サウナ)	사우나에 (サウナに)
저녁 (夕方)	저녁에 (夕方に)
오전에 (午前)	오전에 (午前に)

練習2

① 서울에　② 어디에　③ 오후에

練習1

例 김치 (キムチ)	김치네요. (キムチですね。)
가족 사진 (家族写真)	가족 사진이네요. (家族写真ですね。)
사과 (りんご)	사과네요. (りんごですね。)
여권 (パスポート)	여권이네요. (パスポートですね。)
배 (梨)	배네요. (梨ですね。)
엔 (円)	엔이네요. (円ですね。)

練習2

① 交通カードですね。② 今日は日曜日ですね。

③ 새 가방이네요.

練習

① 앞　② 옆　③ 아래　④ 밖　⑤ 위　⑥ 안　⑦ 오른쪽

⑧ 왼쪽

第2課　まとめ練習問題

1　（1）薬局はどこにありますか。

　　（2）この近所にコンビニがありますか。

　　（3）家の前にパン屋があります。

　　（4）現金はありませんか。

　　（5）ベットの上にお花があります。

2　（1）신용카드가 없어요. (없습니다.)

　　（2）여권은 있어요? (있습니까?)

　　（3）빵집 옆에 꽃집이 있어요. (있습니다.)

　　（4）여기가 찜질방이네요.

　　（5）아뇨, 사우나예요. (입니다.)

3　※解答例

　　（1）네, 오후에 시간 있습니다./

　　　　아뇨, 오후에 시간 없습니다.

　　（2）네, 저기가 노래방입니다./

　　　　아뇨, 저기가 편의점입니다.

　　（3）네, 주말에 약속 있어요./

　　　　아뇨, 주말에 약속 없어요.

　　（4）네, 오늘은 한국어 수업이 없어요./

　　　　아뇨, 오늘은 한국어 수업이 있어요.

　　（5）네, 서점 안에 커피숍이 있습니다./

　　　　아뇨, 서점 안에 커피숍이 없습니다.

第3課

練習

① これ、ノートですか。

② いいえ、あれはパンです。

③ 그것은/그건 일본어 책이에요.

練習

① これは何ですか。　　② あれは何ですか。

③ 이름이 무엇입니까?

練習1

例 김치 (キムチ)	김치예요? (キムチですか)
	김치예요 (キムチです)
신문 (新聞)	신문이에요? (新聞ですか)
	신문이에요 (新聞です)
호텔 (ホテル)	호텔이에요? (ホテルですか)
	호텔이에요 (ホテルです)
노래 (歌)	노래예요? (歌ですか)
	노래예요 (歌です)
친구 (友だち)	친구예요? (友だちですか)
	친구예요 (友だちです)

練習2

① 이것이 韓国語教材です。
② ここがそのチムジルバンですか。
③ 아들은 공무원이에요.

練習1

例 김치 (キムチ)	김치가 아니에요 (キムチではありません)
연필 (鉛筆)	연필이 아니에요 (鉛筆ではありません)
컴퓨터 (コンピュータ)	컴퓨터가 아니에요 (コンピュータではありません)
볼펜 (ボールペン)	볼펜이 아니에요 (ボールペンではありません)

練習2

① これは鉛筆ではありません。ボールペンです。
② あれはラジオではありません。コンピュータです。
③ 그것은 김치가 아니에요. 나물이에요.

練習1

例 책 (本)	책도 (本も)
맥주 (ビール)	맥주도 (ビールも)
술 (お酒)	술도 (お酒も)
소주 (焼酎)	소주도 (焼酎も)
막걸리 (マッコリ)	막걸리도 (マッコリも)
와인 (ワイン)	와인도 (ワインも)

練習2

① 姉も妹もいます。
② パンもラーメンもありませんか。
③ 집에 커피도 홍차도 있어요.

練習1

例 김치 (キムチ)	김치와 (キムチと)
대학 (大学)	대학과 (大学と)
노래 (歌)	노래와 (歌と)
선생님 (先生)	선생님과 (先生と)
비빔밥 (ビビンバ)	비빔밥과 (ビビンバと)
우유 (牛乳)	우유와 (牛乳と)

練習2

① 兄と弟がいます。　② 日本と韓国の試合ですね。
③ 냉장고에 와인과 맥주가 있어요. / 있습니다.

▶発音のきまり：濃音化
練習問題

① [박쑤]　　② [맏찝]　　③ [답짱]　　④ [식꾸]

第3課 まとめ練習問題
1　（1）これはキムチではありません。
　　（2）テーブルの上にめがねとノートパソコンがあります。
　　（3）学校の中にカフェがあります。
　　（4）本屋はありませんか。
　　（5）階段の横にエレベーターもあります。
2　（1）은행 뒤에 주차장과 우체국이 있어요.
　　（2）신분증은 없어요?
　　（3）약국 옆에 무엇이/뭐가 있어요?
　　（4）이것은/이건 컴퓨터가 아니에요. 태블릿이에요.
　　（5）한국사람이 아니에요. 일본사람이에요.

3 ※解答例

（1）가방 안에 책이 있습니다.

（2）무와 오이가 있어요.

（3）네, 박서준 씨는 회사원이에요./
　　아뇨, 박서준 씨는 학생이에요.

（4）네, 이것도 한국어 책이에요./
　　아뇨, 이것은 영어 책이에요.

（5）왼쪽에 약국이 있어요.

第4課

(4-1)

練習

① 가 : この食べ物は何ですか。
　나 : コンナムル（豆もやし）クッパです。

② 가 : このジュースはいくらですか。
　나 : 1,200 ウォンです。

③ 가 : 대학은 어디에 있어요?
　나 : 도쿄에 있어요.

(4-2)

練習1

① 27　② 38　③ 45　④ 91

練習2

① 구십팔　② 칠십사　③ 육십일　④ 오십이

(4-3)

練習1

① 삼월　② 유월　③ 시월　④ 십일월

(4-4)

練習1

① 今日は何月何日ですか。　② 31 日です。

③ 오늘은 시월 이십구 일이에요.

(4-6)

練習1

① 680　　　② 2,100　　　③ 3,950

④ 34,700　⑤ 14,560,000

練習2

① 사백오십팔　　　　② 칠천백육십사

③ 육만사천 삼백구십일

④ 오백이십사만 칠천육백사십구

(4-7)

練習1

① 1988 年　② 6 月 26 日　③ 12 月 31 日

④ 一階　⑤ 37 分　⑥ 85,700 ウォン

練習2

① 이천이십 년　② 구월 십구 일　③ 만오천칠백 엔

④ 육십삼 층　⑤ 이 학년

▶発音のきまり：鼻音化①

練習

① [장문]　② [던니]　③ [암날]　④ [망내]

第4課　まとめ練習問題

1 （1）あの、あれは何ですか。

（2）会議はいつですか。

（3）6 月 15 日にコンサートがあります。

（4）集まりの場所はどこですか。

（5）この服は 1 万 5 千ウォンです。

2 （1）유월십오 일에 친구하고 약속이 있어요.

（2）칠 층에 회의실이 있어요 .

（3）시월에 시험이/테스트가 있어요.

（4）택시 기본요금은 삼천팔백 원이에요.

（5）이 옷은 삼십 퍼센트 할인이에요.

3 ※解答例

（1）여행은 시월 구일에 출발입니다.

（2）오늘은 팔월 십오일입니다.

（3）공구공 일이삼사 오육칠팔이에요.

（4）삼십이 도입니다.

（5）명동역은 4호선이에요.

第5課

(5-1)

練習1

15	33	47	54
십오	삼십삼	사십칠	오십사
열다섯	서른셋	마흔일곱	쉰넷

68	76	92
육십팔	칠십육	구십이
예순여덟	일흔여섯	아흔둘

練習2

① 아흔여덟　② 일흔넷　③ 예순하나　④ 쉰둘

(5-2)
練習1

① ビール 1 本　② 本 2 冊　③ タクシー 3 台
④ 猫 4 匹　⑤ 写真 5 枚

練習2

① 사과 한 개　　　② 주스 세 병
③ 학생 서른다섯 명　④ 스무 살

(5-3)
練習1

① 　② 　③ 　④

練習2

① 여덟 시 반　　　② 열두 시 오 분 전

(5-4)
練習1

① (부터), (까지)　　② (부터), (까지)
③ (에서), (까지)

練習2

① 何時から何時までですか。
② 4時から8時30分までです。
③ 이 비행기는 나리타에서 인천까지예요.

(5-5)
練習1

例 가다 (行く)	갑니까? (行きますか)
	갑니다 (行きます)
보다 (見る)	봅니까? (見ますか)
	봅니다 (見ます)
듣다 (聞く)	듣습니까? (聞きますか)
	듣습니다 (聞きます)

춥다 (寒い)	춥습니까? (寒いですか)
	춥습니다 (寒いです)
맛있다 (おいしい)	맛있습니까? (おいしいですか)
	맛있습니다 (おいしいです)
공부하다 (勉強する)	공부합니까? (勉強しますか)
	공부합니다 (勉強します)
놀다 (遊ぶ)	놉니까? (遊びますか)
	놉니다 (遊びます)

練習2

① 学校は家から近いです。
② 朝、1時間くらい運動します。
③ 도쿄에서 오사카까지 멉니까?

(5-6)
練習1

例 역 (駅)	역에서 (駅で)
편의점 (コンビニ)	편의점에서 (コンビニで)
학교 (学校)	학교에서 (学校で)
커피숍 (コーヒーショップ)	커피숍에서 (コーヒーショップで)
바다 (海)	바다에서 (海で)
호텔 (ホテル)	호텔에서 (ホテルで)

練習2

① 昼ごはんは学校の食堂で食べます。
② カフェで勉強します。
③ 편의점에서 아르바이트(를) 합니다.

第5課　まとめ練習問題

1　(1) 飛行機はどこで乗りますか。
　　(2) 学生は全部で 20 名です。
　　(3) 弟は北海道に住んでいます。
　　(4) ソウルから釜山まで KTX で2時間くらいかかります。
　　(5) このリンゴは一個で (ひとつ) 1,500 ウォンです。
2　(1) 딸은 열아홉 살, 아들은 스물 한 살입니다.
　　(2) 오늘 수업은 아홉 시부터입니다.

（3）내일은 열 시에 학교에 갑니다.

（4）그 호텔은 조용합니까?

（5）공원에서 도시락을 먹습니다.

3 ※解答例

（1）한국어 수업은 열 시부터입니다.

（2）한국어 책은 세 권 있습니다.

（3）점심은 열두 시에 먹습니다.

（4）보통 열한 시에 잡니다.

（5）지금 집에서 공부합니다.

総合問題 ② 第1課－第5課

1 ① 이로이로　② 先生　③ 眼鏡　④ 空
⑤ 신문　⑥ 화장품　⑦ 학생　⑧ 공무원

2 ① [서우러서]　② [장년]　③ [임니다]
④ [말금]　⑤ [며딀]　⑥ [숟짜]

3 ① 는　② 에서　③ 과　④ 까지　⑤ 이

4 ① 일 － 이 － 삼 － 사 － 오 －
육 － 칠 － 팔 － 구 － 십
② 하나 － 둘 － 셋 － 넷 － 다섯 －
여섯 － 일곱 － 여덟 － 아홉 － 열

5 ① （앞에）　② （은행원）　③ （누나가 한 명）
④ （얼마예요?）　⑤ （열 시 삼십 분부터）

6 （1）② 그게　（2）① 이것은　（3）① 가
（4）아, 그래요?　（5）② 이　（6）③ 뭐
（7）③ 레이멘이에요

7

韓国語	日本語	합니다体
가다	行く	갑니다
하다	する	합니다
다니다	通う	다닙니다
오다	来る	옵니다
먹다	食べる	먹습니다
좋다	よい	좋습니다
싸다	安い	쌉니다

8 （1）지금 몇 시예요?

（2）친구하고 공원에 갑니다.

（3）오빠도 공무원입니다.

（4）역 앞에서 언니가 기다립니다.

（5）이 근처에 은행이 있습니까?

9 （1）몇 시간 걸립니까?

（2）저는 사장이 아닙니다.

（3）시 월 구 일은 한글날입니다.

（4）私は学校の隣に住んでいます。

（5）食卓の下に猫が 3 匹います。

10 ※解答例

（1）네, 주말에 약속이 있어요. /
아뇨, 주말에 약속이 없어요.

（2）지금 기온은 이십오 도입니다.

（3）약국은 슈퍼 옆에 있습니다.

（4）반 친구는 다섯 명입니다.

（5）일본의 은행은 아홉 시부터 시작합니다.

第6課

6-1
練習1

例 책 (本)	책을 (本を)
가방 (かばん)	가방을 (かばんを)
호텔 (ホテル)	호텔을 (ホテルを)
스즈키 씨 (鈴木さん)	스즈키 씨를 (鈴木さんを)
집 (家)	집을 (家を)
군고구마 (焼き芋)	군고구마를 (焼き芋を)

練習2

① 焼き芋を買います。　② 鈴木さんを紹介します。

③ 이 호텔을 추천합니다.

6-2
練習1

例 가다 (行く)	가고 싶어요 (行きたいです)
걷다 (歩く)	걷고 싶어요 (歩きたいです)
자다 (寝る)	자고 싶어요 (寝たいです)
알다 (知る)	알고 싶어요 (知りたいです)
공부하다 (勉強する)	공부하고 싶어요 (勉強したいです)

練習2

① 今日は早く寝たいです。　② 公園で歩きたいです。

③ 겨울에는 서울에 가고 싶어요.

(6-3)
練習1

例 책(本)+읽다+싶다	책을 읽고 싶어요 （本が読みたいです）
한국노래+듣다(聴く) +싶다	한국 노래를 듣고 싶어요 （韓国の歌が聴きたいです）
떡볶이+먹다+싶다	떡볶이를 먹고 싶어요 （トッポキが食べたいです）
제목(題名)+알다+싶다	제목을 알고 싶어요 （題名が知りたいです）
김치+만들다(作る) +싶다	김치를 만들고 싶어요 （キムチが作りたいです）

練習2

① 韓国のドラマが見たいです。

② 新しいカバンが買いたいです。

③ 친구에게 편지를 쓰고 싶어요.

(6-4)
練習1

例 먹다 (食べる)	먹죠 (食べましょう)
받다 (もらう)	받죠 (もらいましょう)
입다 (着る)	입죠 (着ましょう)
알다 （わかる）	알죠 （わかるでしょう）
길다 (長い)	길죠 (長いでしょう)
재미있다 （面白い）	재미있죠 （面白いでしょう）
시작하다 (始める)	시작하죠 (始めましょう)
학생이다 (学生だ)	학생이죠 (学生でしょう)

練習2

① 一緒に昼ごはんを食べましょう。

② さあ、会議を始めましょう。

③ 제 머리 길죠?

(6-5)
練習1

例 있다 (ある、いる)	있으면 (あれば、いれば)
가다 (行く)	가면 (行けば)
듣다 (聞く)	들으면 (聞けば)
살다 (住む、暮らす)	살면 (住めば、暮らせば)
읽다 (読む)	읽으면 (読めば)
없다 (ない、いない)	없으면 (なければ、 いなければ)
좋다 (いい)	좋으면 (よければ)
늦다 (遅い)	늦으면 (遅ければ)
조용하다 (静かだ)	조용하면 (静かであれば)

練習2

① キムチを食べると体にいいです。

② あの映画が面白ければ見たいです。

③ 그 노래를 들으면 기분이 좋아요.

(6-6)
練習1

例 가다 (行く)	가면 돼요 (行けばいいです)
오다 (来る)	오면 돼요 (来ればいいです)
듣다 (聞く)	들으면 돼요 (聞けばいいです)
살다 (暮らす、住む)	살면 돼요 (暮らせばいいです、 住めばいいです)
읽다 (読む)	읽으면 돼요 (読めばいいです)
싸다 (安い)	싸면 돼요 (安ければいいです)
공부하다 (勉強する)	공부하면 돼요 （勉強すればいいです）

練習2

① 何時まで集まればいいですか。

② CD をたくさん聞けばいいです。

③ 빨리 걸으면 돼요.

▶発音のきまり：口蓋音化
練習

① [바치]　　② [어다지]

第6課　まとめ練習問題

1　（1）プルコギと冷麺が食べたいです。

　　（2）ハワイで暮らしたいです。

（３）明日、図書館で一緒に勉強しましょう。

（４）友だちに会ったら一緒に映画が見たいです。

（５）ここで少し待てばいいです。

2 （１）오늘은 집에서 쉬고 싶어요.

（２）이 책 재미있죠?

（３）비가 오면 지짐이를 먹고 싶어요.

（４）도서관 앞에서 만나죠.

（５）지금 병원에 가면 돼요.

3 ※解答例

（１）오늘도 김밥을 먹죠! ／비빔밥을 먹고 싶어요.

（２）옷을 사고 싶어요. ／동생 선물을 사고싶어요.

（３）제주도 가고 싶어요.

（４）여섯 시에 일어나면 돼요.

（５）콘서트에 가고 싶어요. ／드라마를 보고 싶어요.

第7課

（7-2）
練習

例 먹다 （食べる）	먹어요 （食べます）
길다 （長い）	길어요 （長いです）
받다 （もらう）	받아요 （もらいます）
짧다 （短い）	짧아요 （短いです）
입다 （着る）	입어요 （着ます）
좋다 （よい）	좋아요 （よいです）
알다 （わかる）	알아요 （わかります）
멀다 （遠い）	멀어요 （遠いです）

（7-3）
練習1

例 연락하다 （連絡する）	연락해요
시원하다 （涼しい）	시원해요
노래하다 （歌う）	노래해요
피곤하다 （疲れる）	피곤해요
공부하다 （勉強する）	공부해요
일하다 （働く）	일해요

練習2

① お父さんは銀行で働きます。

② 秋には涼しいですか。

③ 수업 후에 카페에서 이야기해요.

（7-4）
練習1

例 김치 （キムチ）＋김 （海苔）	김치하고 김
대학 （大学）＋사회 （社会）	대학하고 사회
노래 （歌）＋춤 （踊り）	노래하고 춤
우유 （牛乳）＋빵 （パン）	우유하고 빵
비빔밥 （ビビンバ）＋ 김밥 （キムパプ）	비빔밥하고 김밥
선생님 （先生）＋학생 （学生）	선생님하고 학생

練習2

① 姉と妹がいます。

② 일본하고 한국(의) 선수네요.

③ 가방에 물하고 마스크가 있어요.

（7-5）
練習

수요일 토요일 목요일 일요일 월요일 화요일 금요일

日曜日 月曜日 火曜日 水曜日 木曜日 金曜日 土曜日

▶発音のきまり：激音化
練習

① [조코]　　② [배콰점]　　③ [노라타]

④ [자팍]　　⑤ [조치요]

第7課 まとめ練習問題

1 （１）普段、朝ご飯はパンを食べます。

（２）ハナさん、これ受け取ってください。
　　プレゼントです。

（３）あの店のユッケはとてもおいしいです。

（４）土曜日にも会社に行きますか。

（５）いっしょに韓国語を勉強しましょう。

2 （1）도착하면 연락해요.

　　（2）다음에 간장게장을 먹고 싶어요.

　　（3）어머니는 매일 한국 드라마를 봐요.

　　（4）요즘, 라디오를 자주 들어요.

　　（5）대학은 언제 졸업해요?

3 ※解答例

　　（1）빵하고 우유를 먹어요.

　　（2）지금 요코하마에 살아요.

　　（3）금요일을 좋아해요.

　　（4）한국 소설을 읽어요.

　　（5）토요일 오후에 청소하고 빨래를 해요.

第8課

8-1
練習1

例 가다 (行く)	가요
서다 (止まる)	서요
사다 (買う)	사요
켜다 (つける)	켜요
자다 (寝る)	자요
보내다 (送る)	보내요
건너다 (渡る)	건너요
건네다 (渡す)	건네요

練習2

① 普段、12 時に寝ます。

② この電車は小田原に止まりますか。

③ 회사에 메일을 보내요.

8-2
練習1

例 오다 (来る)	와요 (来ます)
다니다 (通う)	다녀요 (通います)
두다 (置く)	두어요/둬요 (置きます)
바뀌다 (変わる)	바뀌어요 (変わります)
싸우다 (戦う)	싸워요 (戦います)
달리다 (走る)	달려요 (走ります)

練習2

① 毎朝、ニュースを見ますか。

② 一緒に 12 時まで待ちましょう。

③ 매일 옷이 바뀌어요.

8-3
練習

① 韓国のドラマはとても面白いです。

② 日本は交通費がちょっと高いです。

③ 이 식당의 요리는 정말 맛있어요.

8-4
練習

例 김치 (キムチ)	김치로 (キムチで)
사과 (りんご)	사과로 (りんごで)
컴퓨터 (パソコン)	컴퓨터로 (パソコンで)
빵 (パン)	빵으로 (パンで)
막걸리 (マッコリ)	막걸리로 (マッコリで)
발 (足)	발로 (足で)

練習2

① リンゴでジュースをつくります。

② インターネットで宿題をします。

③ 지하철로 가요.

8-5
練習1

例 배 (船)	배(를) 타요
선배 (先輩)	선배(를) 만나요
비행기 (飛行機)	비행기(를) 타요
형 (兄)	형(을) 만나요
지하철 (地下鉄)	지하철(을) 타요
사장님 (社長)	사장님(을) 만나요

練習2

① 仁川空港で友だちに会います。

② ソウル駅でタクシーに乗りますか。

③ 동대문시장에서 지하철을 타요.

練習1

例 가다 (行く)	가거든요 (行くんです)
듣다 (聞く)	듣거든요 (聞くんです)
쓰다 (書く)	쓰거든요 (書くんです)
알다 (わかる)	알거든요 (わかるんです)
공부하다 (勉強する)	공부하거든요 (勉強するんです)

練習2

① 毎日 CD を聞くんです。

② 英語の勉強もするんです。

③ 팬레터를 한글로 쓰고 싶거든요.

▶発音のきまり：「ㅎ」の無音化と弱音化

練習

① [나아요]　　② [가지 아나요]　　③ [너어요]

④ [저놔]　　⑤ [영와]

第8課　まとめ練習問題

1　（1）新幹線で神戸へ行きます。神戸で友達に会います。

　　（2）来月から一緒に韓国語の教室に通いましょう。

　　（3）先週から韓国料理を習っているんですよ。

　　（4）教科書の何ページを開きますか。

　　（5）スーツケースは案内デスクの後ろに置きます。

2　（1）몇 번 버스를 타요?

　　（2）비행기로 후쿠오카에 가요.

　　（3）일요일은 쉬어요.

　　（4）주말은 집에서 한국어 숙제를 해요.

　　（5）떡볶이를 좋아하거든요.

3　※解答例

　　（1）요가하고 춤을 배워요.

　　（2）한국 드라마를 봐요.

　　（3）친구를 만나요.

　　（4）지하철을 타요.

　　（5）케이팝을 좋아하거든요.

第9課

9-1
練習1

例 가다 (行く)	안 가요 (行かないです〈行きません〉)
비싸다 (〈値段が〉高い)	안 비싸요 (〈値段が〉安いです)
받다 (もらう)	안 받아요 (もらいません)
좋다 (よい)	안 좋아요 (よくないです)
운동하다 (運動する)	운동 안 해요 (運動しません)
조용하다 (静かだ)	안 조용해요 (静かではないです)
편하다 (楽だ)	안 편해요 (楽ではないです)

練習2

① 普段、朝ご飯は食べないです。

② 今は雨が降ってないです。

③ 일요일에는 공부 안 해요.

9-2
練習1

例 가다 (行く)	가지만 (行きますが)
없다 (ない、いない)	없지만 (ないですが、いませんが)
보다 (見る)	보지만 (見ますが)
빠르다 (速い)	빠르지만 (速いですが)
타다 (乗る)	타지만 (乗りますが)
늦다 (遅い)	늦지만 (遅いですが)
좋다 (よい)	좋지만 (よいですが)
공부하다 (勉強する)	공부하지만 (勉強しますが)

練習2

① 韓国語は発音は難しいですが、楽しいです。

② 一生懸命勉強しますが、すぐ忘れます。

③ 돈은 없지만 행복해요.

9-3
練習1

例 가다 (行く)	못 가요 (行けないです)

보다 (見る)	못 봐요 (見えないです)
받다 (もらう)	못 받아요 (もらえないです)
이기다 (勝つ)	못 이겨요 (勝てないです)
청소하다 (掃除する)	청소 못 해요 (掃除できないです)
피하다 (避ける)	못 피해요 (避けられないです)

練習2

① まだ韓国の小説を読めません。

② 最近、なかなか運動できません。

③ 아직 약속은 못 해요.

(9-4)

練習1

① 를   ② 를   ③ 을

練習2

① お母さんは韓国の料理が好きです。

② どんな食べ物が嫌いですか。

③ 여행을 좋아해요.

(9-5)

練習1

例 만나다 (会う)	만나러 (会いに)
묻다 (尋ねる)	물으러 (尋ねに)
사다 (買う)	사러 (買いに)
빌리다 (借りる)	빌리러 (借りに)
놀다 (遊ぶ)	놀러 (遊びに)
공부하다 (勉強する)	공부하러 (勉強しに)

練習2

① 勉強しに図書館に行きます。

② 今日、友だちが家に遊びに来ます。

③ 책을 사러 서점에 가요.

(9-6)

練習1

例 만나다 (会う)	만나려고 해요 (会おうと思います)
먹다 (食べる)	먹으려고 해요 (食べようと思います)
걷다 (歩く)	걸으려고 해요 (歩こうと思います)
빌리다 (借りる)	빌리려고 해요 (借りようと思います)

놀다 (遊ぶ)	놀려고 해요 (遊ぼうと思います)
연락하다 (連絡する)	연락하려고 해요 (連絡しようと思います)

練習2

① 弁当を買おうと (買いに) コンビニへ行きます。

② 友だちと渋谷で遊ぼうと思います。

③ 저녁(밥)은 조금만 먹으려고 해요.

▶ 発音のきまり:「ㄴ」添加

練習

① [한녀름]   ② [그림녑서]

③ [두통냑]   ④ [물략]

第9課 まとめ練習問題

1 (1) 夜はコーヒーを飲みません。

(2) タクシーは楽ですがあまり乗らないです。
 (乗りません)

(3) 友だちを迎えに空港へ行きます。

(4) 両親にクリスマスプレゼントを送ろうと思います。

(5) 普段、週末には家で休みます。

2 (1) 꽃을 사러 꽃집에 가요.

(2) 다이어트를 하려고 맥주는 안 마셔요.

(3) 옷을 사려고 백화점에 가요.

(4) 약을 받으러 약국에 가요.

(5) 쉬고 싶지만 못 쉬어요.

3 ※解答例

(1) 역 앞의 영화관에 가요./영화관에 안 가요.

(2) 라면을 먹으러 가요./도시락을 사러 가요.

(3) 친구를 만나려고 해요./청소를 하려고 해요.

(4) 비가 와요./비가 안 와요.

(5) 마라톤을 좋아해요./운동을 잘 못해요.

第10課

(10-1)

練習1

例 먹다 (食べる)	먹었어요 (食べました)
웃다 (笑う)	웃었어요 (笑いました)

낳다 (産む)	낳았어요 (産みました)
열다 (開ける)	열었어요 (開けました)
닫다 (閉める)	닫았어요 (閉めました)
많다 (多い)	많았어요 (多かったです)
적다 (少ない)	적었어요 (少なかったです)

練習2

① 朝ご飯はコーヒーとサンドイッチを食べました。

② あの駅は小さかったです。

③ (남)동생이 창문을 열었어요.

⑩-2
練習1

例 가다 (行く)	갔어요 (行きました)
자다 (寝る)	잤어요 (寝ました)
건너다 (渡る)	건넜어요 (渡りました)
보내다 (送る)	보내었어요/보냈어요 (送りました)
베다 (切る)	베었어요/벴어요 (切りました)

練習2

① 昨晩は早く寝ました。

② 友だちにメールを送りました。

③ 어제 백화점에 갔어요.

⑩-3
練習1

例 오다 (来る)	왔어요 (来ました)
보다 (見る)	보았어요/봤어요 (見ました)
주다 (あげる、くれる)	주었어요/줬어요 (あげました、くれました)
기다리다 (待つ)	기다렸어요 (待ちました)
바뀌다 (変わる)	바뀌었어요 (変わりました)
희다 (白い)	희었어요 (白かったです)

練習2

① 昨日、韓国の映画を見ました。

② ホテルのロビーで先生を待ちました。

③ 서울에서 친구가 왔어요.

⑩-4
練習1

例 공부하다 (勉強する)	공부했어요 (勉強しました)
결혼하다 (結婚する)	결혼했어요 (結婚しました)
세탁하다 (洗濯する)	세탁했어요 (洗濯しました)
운동하다 (運動する)	운동했어요 (運動しました)
따뜻하다 (暖かい)	따뜻했어요 (暖かかったです)
시원하다 (涼しい)	시원했어요 (涼しかったです)

練習2

① 今朝、運動をしました。

② 部屋の中は涼しかったです。

③ 언니(누나)는 작년에 결혼했어요.

⑩-5
練習1

例 주스이다 (ジュースだ)	주스였어요 (ジュースでした)
학생이다 (学生だ)	학생이었어요 (学生でした)
사과이다 (リンゴだ)	사과였어요 (リンゴでした)
떡이 아니다 (お餅ではない)	떡이 아니었어요 (お餅ではなかったです)

練習2

① 好きな食べ物は冷麺でした。

② そのスポーツはテコンドーでした。

③ 여기는 원래 은행이었어요.

⑩-6
練習1

例 보다 (見る)	보고 (見て)
넓다 (広い)	넓고 (広くて)
열다 (開ける)	열고 (開けて)
싫다 (嫌だ)	싫고 (嫌で)
마시다 (飲む)	마시고 (飲んで)
조용하다 (静かだ)	조용하고 (静かで)
자다 (寝る)	자고 (寝て)
연락하다 (連絡する)	연락하고 (連絡して)

練習2

① ハナさん、ごはんを食べてからコーヒーを飲みましょう!

② その家は広くて、きれいでした。

③ 라디오도 듣고 텔레비전도 봐요.

(10-7)

練習

① 今日、朝飯は何を食べましたか。

② あれは何ですか。

③ 가방 안에 뭐가 있어요?

第10課 まとめ練習問題

1 （1）学校に早く到着しました。

（2）昨日は、夜遅く寝ました。

（3）昨年、学校を卒業して就職しました。

（4）先週末には休めなかったです。

（5）この店は親切でおいしいです。

2 （1）회의는 몇 시에 끝났어요?

（2）수영은 언제 배웠어요?

（3）연하장을 스무 통 보냈어요.

（4）아침은 빵도 먹고 우유도 마셔요.

（5）저녁을 먹고 TV를 봤어요.

3 ※解答例

（1）열 두시에 잤어요.

（2）네, 오늘 아침 신문 봤어요./
　　아니요, 아직 못 봤어요.

（3）숙제를 했어요./영화를 봤어요.

（4）한국어 공부는 삼월부터 했어요.

（5）그 식당은 양념치킨이 싸고 맛있어요.

総合問題 3 第6課–第10課

1 ① 化粧品　　　② 休む　　　③ ところで
④ いっしょに　⑤ 学ぶ・習う　⑥ 乗る
⑦ 宿題　　　　⑧ 好きだ　　　⑨ 見る
⑩ 飲む　　　　⑪ 会社　　　　⑫ 土曜日
⑬ 약속하다　　⑭ 이야기하다　⑮ 자다
⑯ 기다리다　　⑰ 많다　　　　⑱ 입다
⑲ 사랑하다　　⑳ 친절하다

2 ① [가치]　　　② [시자캐요]
③ [조아요]　　④ [짤바요]
⑤ [막껄리]　　⑥ [보고 십꺼든뇨]

3 ① 을　　　　② 하고　　　③ 으로
④ 러　　　　⑤ 였어요

4

文型		基本形	～です・ます形	
			−합니다体	−해요体
例 ～たいです	−고 싶어요	가다	가고 싶습니다	가고 싶어요
～たいです	−고 싶어요	배우다	배우고 싶습니다	배우고 싶어요
～でしょう	−지요/죠	맛있다	−	맛있지요/죠
～ればいいです	−(으)면 돼요?	가다	가면 됩니까?	가면 돼요?
		먹다	먹으면 됩니까?	먹으면 돼요?
～します	−아/어/여요	타다	탑니다	타요
		오다	옵니다	와요
		마시다	마십니다	마셔요
		쉬다	쉽니다	쉬어요

～するんです	-거든요	놀다	–	놀거든요
		맛있다	–	맛있거든요
～ないです	안-	듣다	안 듣습니다	안 들어요
		전화하다	전화 안 합니다	전화 안 해요
～できないです	못-	보다	못 봅니다	못 봐요
		공부하다	공부 못 합니다	공부 못 해요
～しに行きます	-(으)러 가요	먹다	먹으러 갑니다	먹으러 가요
～ようとします	-(으)려고 해요	만나다	만나려고 합니다	만나려고 해요
～ました (過去)	-았/었/였어요	기다리다	기다렸습니다	기다렸어요
		보다	봤습니다	봤어요
		사랑하다	사랑했습니다	사랑했어요

5 ① A. 한국 노래를 듣고 싶어요. (○)
  ② B. 여기에서 먹으면 돼요. (○)
  ③ A. 일요일에는 공부 안 해요. (○)
  ④ C. 서울에서는 택시를 탑니다. (○)
  ⑤ C. 지난 주말에 카페에서 선생님을 만났어요. (○)

6 상우 : 하나 씨는 뭘 먹(고 싶어요)?
  하나 : 저는 떡볶이를 먹고 싶어요.
  상우 : 참, 하나 씨는 떡볶이를 좋아하(지요/죠)?
  하나 : 네, 조금 맵(지만) 맛있(거든요).
  상우 : 좋아요! 수업 후에 먹(으러 가요).

7 (1) 어떤 드라마를 보고 싶어요?
  (2) 오후에 한국어를 공부하러 가요.
  (3) 같이 카페에서 기다려요.
  (4) CD를 잘 안 듣거든요.
  (5) 김치를 너무 좋아해요.

8 (1) 재미있죠?　　　(2) 가면 돼요?

(3) 를 만나고 싶어요.　　(4) 재미있거든요.
(5) 못 갔어요.

9 (1) 한국어로 말하고 싶어요.
  (2) 화장품은 어디에서 사요?
  (3) 金浦空港でタクシーに乗ろうと思います。
       タクシー代が安いんです。
  (4) 韓国語を学んでいますが、上手くできません。
  (5) 昨日は家で休みました。

10 ※解答例
  (1) 한국에 가면 제주도에 가고 싶어요.
  (2) 친구하고 같이 영화 보러 가요.
  (3) 지하철은 빠르고 싸거든요.
  (4) 영화를 자주 봐요./영화를 자주 못 봐요.
  (5) 네, 김치를 좋아했어요./
       김치는 별로 안 좋아했어요.

Ⅰ＝第1部、Ⅱ＝第2部、数字＝課

ㄱ

가	～が	Ⅱ-2
가게	店	Ⅱ-6
가다	行く	Ⅱ-6
가수	歌手	Ⅱ-1
가슴	胸	Ⅰ
가을	秋	Ⅱ-5
가전제품	家電製品	Ⅱ-10
간호사	看護師	Ⅱ-1
갈비	カルビ	Ⅱ-7
감	柿	Ⅱ-3
감자	ジャガイモ	Ⅱ-3
강	川	Ⅱ-4
같이	一緒に	Ⅱ-6
개	～個（数える 単位）	Ⅱ-5
개띠	戌年	Ⅱ-9
거기	そこ	Ⅰ、Ⅱ-2
거든요	～んですよ	Ⅱ-8
거스름돈	おつり	Ⅱ-4
겨울	冬	Ⅱ-5
경찰	警察	Ⅰ
경찰관	警察官	Ⅱ-1
경찰서	警察署	Ⅱ-7
고구마	サツマイモ	Ⅱ-3
고맙습니나	ありがとう ございます	Ⅰ、Ⅱ-4
고추	唐辛子	Ⅱ-3
공	ゼロ	Ⅱ-4
공무원	公務員	Ⅱ-1
공원	公園	Ⅱ-7
공항	空港	Ⅱ-7
과	～と	Ⅱ-3
광장시장	広蔵市場	Ⅱ-10
교회	教会	Ⅱ-7
구	九	Ⅱ-4
구구	九九	Ⅰ
구름	雲	Ⅱ-5
구십	九十	Ⅱ-4
구월	九月	Ⅱ-4
굳이	あえて	Ⅱ-6
권	～冊（本を数 える単位）	Ⅱ-5
귀	耳	Ⅰ
귤	ミカン	Ⅱ-3
그	その	Ⅱ-1
그건	それは	Ⅱ-3
그것	それ	Ⅱ-3
그럼	では、じゃあ	Ⅱ-3
그저께	おととい	Ⅱ-7
극장	劇場、映画館	Ⅱ-7
금요일	金曜日	Ⅱ-7
기자	記者	Ⅱ-1
김밥	のり巻き	Ⅱ-4

ㄲ

까마귀	カラス	Ⅰ
까지	～まで	Ⅱ-5
꽃꽂이	生け花	Ⅱ-6
꽃집	花屋	Ⅰ、Ⅱ-2

ㄴ

나	私、ぼく	Ⅱ-1
낚시	釣り	Ⅱ-6
날씨	天気	Ⅱ-5
남대문시장	南大門市場	Ⅱ-2
남동생	弟	Ⅱ-1
남아메리카	南アメリカ	Ⅱ-1
남편	夫	Ⅱ-1
낮	昼	Ⅱ-7
내일	明日	Ⅱ-7
냉면	冷麺	Ⅱ-7
냉장고	冷蔵庫	Ⅱ-10
너무	あまりに、 ～すぎる	Ⅱ-8
네	ええ、はい	Ⅱ-1
네	四つの	Ⅱ-5
네요	～ですね	Ⅱ-2
넷	四つ	Ⅱ-5
년	～年	Ⅱ-4
노래	歌	Ⅰ
노래방	カラオケ	Ⅱ-2
녹차	緑茶	Ⅱ-8
논	田んぼ	Ⅱ-4
누구	誰	Ⅱ-4
누나	（弟から見て） 姉	Ⅱ-1
눈	目	Ⅰ
눈	雪	Ⅱ-5
눈썹	眉毛	Ⅰ
뉴질랜드	ニュージーラ ンド	Ⅱ-1
는	～は	Ⅱ-1

ㄷ

다리	脚	Ⅰ
다섯	五つ（の）	Ⅱ-5
다음	次	Ⅱ-5
다음주	来週	Ⅱ-7
달	月	Ⅱ-4
닭	ニワトリ	Ⅰ
닭띠	酉年	Ⅱ-9
담배	タバコ	Ⅰ
대	～台	Ⅱ-5
도	～も	Ⅱ-3
독서	読書	Ⅱ-6
독일	ドイツ	Ⅱ-1
동대문시장	東大門市場	Ⅱ-8

동생	弟、妹	II-1
돼지띠	亥年	II-9
두	二つの	II-5
둘	二つ	II-5
뒤	後	II-2
드라마	ドラマ	II-9
등	背中	I
등산	山登り	II-6

ㄸ		
따뜻한물	お湯	II-8
딸	娘	II-1
딸기	イチゴ	II-3
땅	土地	II-4
또	また	I
띠	干支、	II-9
	〜年（どし）	

ㄹ		
라디오	ラジオ	II-10
러시아	ロシア	II-1
로	〜で（手段）	II-8
를	〜を	II-6

ㅁ		
마리	〜匹、〜頭、	II-5
	〜羽	
마흔	四十	II-5
막걸리	マッコリ	II-8
만	万（単位）	II-4
만나다	会う	II-9
만두	ギョウザ	I
많이	たくさん	II-6
말띠	午年	II-9
맛보다	味わう	II-7
맛있다	おいしい	II-6
매우	とても	II-8
맥주	ビール	II-8
머리	頭	I

먹다	食べる	II-6
멋있다	かっこいい、	II-2
	すてきだ	
메뉴	メニュー	I
며칠	何日	II-4
면세점	免税店	II-2
명	〜人、〜名	II-5
명동	明洞	I、II-6
명동역	明洞駅	II-9
몇	何〜	II-4
몇시	何時	II-5
몇월	何月	II-4
모레	あさって	II-7
목	首、のど	I
목요일	木曜日	II-7
몸	体	I
몽골	モンゴル	II-1
무	大根	II-3
무릎	膝	I
무리	無理	I
무엇	何	II-3
무지개	虹	II-5
물	水	II-8
뭐	何（を）	II-3
뭘	何を	II-7
미국	アメリカ	II-1
미술관	美術館	II-7

ㅂ		
바다	海	I
바둑	囲碁	II-6
박물관	博物館	II-7
밖	外	II-2
발	足	I
발가락	足の指	I
밤	夜	II-7
밥	ごはん	I
밭	畑	II-4
배	おなか、腹	I

배	梨	II-3
배우	俳優	II-1
배우다	習う、学ぶ	II-3
백	100、百	II-4
백화점	デパート	II-7
뱀띠	蛇年	II-9
번	〜度、〜回、	II-5
	〜番	
변호사	弁護士	II-1
별	星	II-4
병	〜本	II-5
병원	病院	II-2
보다	見る	II-7
보리차	麦茶	II-8
봄	春	II-5
부부	夫婦	I
부터	〜から	II-5
북아메리카	北アメリカ	II-1
분	〜分（ふん）	II-5
분	方、お方	II-1
불고기	プルゴギ	I、II-7
브라질	ブラジル	II-1
비	雨	II-5
비빔밥	ビビンバ	II-7
비싸다	（値段が）高い	I
빈대떡	ピンデトック	II-10

ㅃ		
빵집	パン屋	II-2
뺨	頬	I
뽀뽀	チュー、キス	I

ㅅ		
사	四	II-4
사과	リンゴ	II-3
사다	買う	II-6
사람	人、〜人、〜名	II-1、5
사십	四十	II-4
사월	四月	II-4

韓国語	日本語	課
사이다	サイダー	II-8
사자	ライオン	I
산	山	II-4
산책	散歩	II-6
살	～歳	II-5
삼	三	II-4
삼십	三十	II-4
삼월	三月	II-4
상추	サンチュ	II-3
서른	三十(の)	II-5
서울	ソウル	II-1
서울역	ソウル駅	II-9
서점	書店	II-2
선글라스	サングラス	II-2
선물	おくりもの、プレゼント	II-3、6
선생님	先生	II-1
선풍기	扇風機	II-10
섬	島	II-4
세	三つの	II-5
세탁기	洗濯機	II-10
셋	三つ	II-5
소나기	にわか雨	II-5
소띠	丑年	II-9
소주	焼酎	II-8
손	手	I
손가락	指	I
수박	スイカ	II-3
수요일	水曜日	II-7
숙제	宿題	II-2、9
술	酒	II-8
숲	森	I
쉰	五十(の)	II-5
슈퍼(마켓)	スーパー(マーケット)	II-2
스무	二十の	II-5
스물	二十	II-5
스파게티	スパゲッティ	I
스페인	スペイン	II-1
스포츠	スポーツ	II-6
시	～時	II-5
시간	時間	II-2、5
시계	時計	I
시월	十月	II-4
시장	市場	II-2
식기세척기	食器洗浄機	II-10
식당	食堂	II-2
신문	新聞	I
십	十	II-4
십이월	十二月	II-4
십일월	十一月	II-4

ㅆ

韓国語	日本語	課
싸다	安い	II-10
씨	～さん(敬称)	II-7

ㅇ

韓国語	日本語	課
아내	妻	II-1
아뇨	いいえ	II-1
아들	息子	II-1
아래	下	II-2
아르헨티나	アルゼンチン	II-1
아버지	お父さん、父	II-1
아빠	パパ、お父さん	II-1
아시아	アジア	II-1
아이	子ども	I
아주	とても	II-6
아침	朝、朝ごはん	II-7
아파트	マンション	I
아프리카	アフリカ	II-1
아홉	九つ(の)	II-5
아흔	九十	II-5
안	中、内	II-2
안경	メガネ	II-2
안녕하세요	こんにちは	II-1
안녕히 가세요	さようなら	II-4
안녕히 계세요	さようなら	II-4
안팎	内外	II-2
앞	前	II-2
앞뒤	前後	II-2
애	子ども	I
야구	野球	II-6
야채	野菜	II-3
약국	薬局	II-2
약사	薬剤師	II-1
양념치킨	ヤンニョムチキン	II-4
양띠	未年	II-9
양주	ウィスキー	II-8
얘	この子	I
어깨	肩	I
어느	ある、どの	I、II-1
어디	どこ	II-2
어때요?	いかがですか	II-6
어머니	お母さん、母	I、II-1
어서오세요	いらっしゃいませ	II-2
어제	昨日	II-7
억	億	II-4
언니	(妹から見て)姉	II-1
언제	いつ	II-4
얼굴	顔	I
얼마	いくら	II-4
엄마	ママ、お母さん	II-1
없다	ない、いない	II-2
에	～に	II-2
에서	～で(場所)	II-5
에어컨	エアコン	II-10
에이	A	I
엔	～円	II-4
엔	～には	II-8
여기	ここ	II-2
여덟	八つ(の)	I、II-5
여든	八十(の)	II-5
여러가지	いろいろ(な)	II-2

여름	夏	II-5
여섯	六つ（の）	II-5
여우	キツネ	I
여유	余裕	I
여행	旅行	II-6
역	駅	II-7
열	十（とお）（の）	II-5
영	ゼロ	II-4
영국	イギリス	II-1
영화	映画	II-5
영화감상	映画鑑賞	II-6
영화관	映画館	II-7
옆	横	II-2
예	はい	I
예매하다	前売り券を	II-5
	買う	
예순	六十	II-5
예의	礼儀	I
오	五	II-4
오늘	今日	II-7、8
오른쪽	右側	II-2
오빠	（妹から見て）	II-1
	兄	
오세아니아	オセアニア	II-1
오스트레일리아	オーストラリア	II-1
오십	五十	II-4
오월	五月	II-4
오이	キュウリ	I
오전	午前	II-7
오후	午後	II-7
온도	温度	II-5
온천	温泉	II-4
옷	服	II-3
와요	来ます	I
왜	なぜ、どうして	I
외워요	覚えます	I
왼쪽	左側	II-2
요리	料理	II-6
요즘	近頃、この頃	II-9

용띠	辰年	II-9
우리	わたしたち、	II-1
	ぼくたち	
우리나라	わが国	I
우체국	郵便局	II-7
원	〜ウォン	II-4
원숭이띠	申年	II-9
월	〜月	II-4
월요일	月曜日	II-7
위	上	I、II-2
위아래	上下	II-2
유럽	ヨーロッパ	II-1
유월	六月	II-4
육	六	II-4
육십	六十	II-4
육회	ユッケ	II-7
으로	〜で	II-8
은	〜は	II-1
은행	銀行	II-7、8
은행원	銀行員	II-1
을	〜を	II-6
음악감상	音楽鑑賞	II-6
의사	医者	II-1
이	二	II-4
이	歯	I
이	この	II-1
이	〜が	II-2
이거	これ	II-2
이건	これは	II-3
이것	これ	II-2
이게	これが、これは	II-3
이마	額	I
이번주	今週	II-7、9
이십	二十	II-4
이월	二月	II-4
인도	インド	II-1
일	一	II-4
일곱	七つ（の）	II-5
일기예보	天気予報	II-5

일본	日本	I、II-1
일요일	日曜日	II-7
일월	一月	II-4
일흔	七十（の）	II-5
입	口	I
입니다	〜です	II-1
입니까?	〜ですか	II-1
입술	唇	I
있다	ある、いる	II-2

ㅈ		
자루	〜本	II-5
자주	よく	II-9
잘 먹었습니다	ごちそうさま	II-4
	でした	
잡지	雑誌	II-3
장	〜枚	II-5
장기	将棋	II-6
장마	梅雨	II-5
저	わたくし	II-1
저	あの	II-1
저고리	チョゴリ（韓	II-8
	服の上着）	
저기	あそこ	II-2
저기요	すみません	II-2
저녁	夕方、夕ごはん	II-6、7
저분	あの方	II-1
전기밥솥	炊飯器	II-10
전자렌지	電子レンジ	II-10
전철	電車	II-8
전화	電話	II-10
절	寺	II-7
점심	昼ごはん	II-7
정말	本当	II-2
제	私の	II-3
좀	ちょっと	II-6、8
좋다	よい、いい	II-6、7
좋아요	いいです	II-8
좌우	左右	II-2

주말	週末	II-9
주문하다	注文する	II-7
주스	ジュース	II-8
주차	駐車	I
중국	中国	II-1
쥐띠	鼠年	II-9
지난주	先週	II-7
지진	地震	II-4
진짜	本当に	II-2
집	家	II-2

ㅉ

찌개	鍋物	I
찜질방	チムジルバン	II-2

ㅊ

참	そういえば、	II-5
	ところで	
참외	マクワウリ	II-3
책	本	I
처음	初めて、始め	II-1
천	千	II-4
청소기	掃除機	II-10
축구	サッカー	II-6
층	～階	II-4
취미	趣味	II-6
치마	スカート	II-8
치마저고리	チマチョゴリ	II-8
	（女性用韓服）	
친구	友だち	II-1、6

칠	七	II-4
칠십	七十	II-4
칠월	七月	II-4

ㅋ

카메라	カメラ	II-10
카탈로그	カタログ	II-8
카페	カフェ	II-2
칼국수	カルグクス	II-6
캐나다	カナダ	II-1
커피	コーヒー	I、II-8
컴퓨터	コンピュータ	II-10
코	鼻	I
콜라	コーラ	II-8

ㅌ

타다	乗る	II-8
태풍	台風	II-5
택시	タクシー	II-8
탤런트	タレント	II-1
텔레비전	テレビ	II-10
토끼띠	卯年	II-9
토마토	トマト	I
토요일	土曜日	II-7

ㅍ

팔	八	I、II-4
팔십	八十	II-4
팔월	八月	II-4
프랑스	フランス	II-1

ㅎ

하고	～と	II-7
하나	一つ	II-5
하늘	空	II-4
하다	する	II-5、8
학년	学年、～年生	II-4
학생	学生、生徒	II-1
한	一つの	II-5
한국	韓国	II-1、6
한복	韓服	II-8
할머니	おばあさん、	II-1
	祖母	
할아버지	おじいさん、	II-1
	祖父	
해	太陽	II-4
허리	腰	I
형	（弟から見て）	II-1
	兄	
호랑이띠	寅年	II-9
호주	オーストラリア	II-1
호텔	ホテル	II-7
홍차	紅茶	II-8
화산	火山	II-4
화요일	火曜日	II-7
화장실	トイレ	II-2
화장품	化粧品	II-3、6
회사원	会社員	II-1
휴대폰	携帯電話	II-10

Ⅰ＝第1部、Ⅱ＝第2部、数字＝課

あ

ああ！	참	Ⅱ-5
会う	만나다	Ⅱ-9
あえて	굳이	Ⅱ-6
秋	가을	Ⅱ-5
朝	아침	Ⅱ-7
朝ごはん	아침	Ⅱ-7
あさって	모레	Ⅱ-7
脚	다리	Ⅰ
足	발	Ⅰ
アジア	아시아	Ⅱ-1
明日	내일	Ⅱ-7
足の指	발가락	Ⅰ
味わう	맛보다	Ⅱ-7
あそこ、あちら	저기	Ⅱ-2
頭	머리	Ⅰ
兄（弟から見て）	형	Ⅱ-1
兄（妹から見て）	오빠	Ⅱ-1
姉（弟から見て）	누나	Ⅱ-1
姉（妹から見て）	언니	Ⅱ-1
あの	저	Ⅱ-1
あの方	저분	Ⅱ-1
アフリカ	아프리카	Ⅱ-1
あまりに	너무	Ⅱ-8
雨	비	Ⅱ-5
アメリカ	미국	Ⅱ-1
ありがとうございます	고맙습니다	Ⅰ、Ⅱ-4
ある	있다	Ⅱ-2
ある	어느	Ⅰ、Ⅱ-1
あれ	저거, 저것	Ⅱ-3
アルゼンチン	아르헨티나	Ⅱ-1
いい	좋다	Ⅱ-6、7
いいえ	아뇨	Ⅱ-1
いいです	좋아요	Ⅱ-8
家	집	Ⅱ-2
いかがですか	어때요?	Ⅱ-6

イギリス	영국	Ⅱ-1
行く	가다	Ⅱ-6
いくら（程度）	얼마	Ⅱ-4
生け花	꽃꽂이	Ⅱ-6
囲碁	바둑	Ⅱ-6
医者	의사	Ⅱ-1
一	일	Ⅱ-4
一月	일월	Ⅱ-4
イチゴ	딸기	Ⅱ-3
市場	시장	Ⅱ-2
一万	만	Ⅱ-4
いつ	언제	Ⅱ-4
いっしょに	같이	Ⅱ-6
五つ	다섯	Ⅱ-5
いない	없다	Ⅱ-2
戌年	개띠	Ⅱ-9
亥年	돼지띠	Ⅱ-9
妹	여동생	Ⅱ-1
いらっしゃいませ	어서오세요	Ⅱ-2
いる	있다	Ⅱ-2
いろいろな	여러가지	Ⅱ-2
インド	인도	Ⅱ-1
ウィスキー	양주	Ⅱ-8
上	위	Ⅰ、Ⅱ-2
ウォン	원	Ⅱ-4
卯年	토끼띠	Ⅱ-9
丑年	소띠	Ⅱ-9
後ろ	뒤	Ⅱ-2
歌	노래	Ⅰ
内	안	Ⅱ-2
腕	팔	Ⅰ、Ⅱ-4
午年	말띠	Ⅱ-9
海	바다	Ⅰ
エアコン	에어컨	Ⅱ-10
映画	영화	Ⅱ-5
映画館	영화관, 극장	Ⅱ-7

映画鑑賞	영화감상	Ⅱ-6
ええ	네	Ⅱ-1
駅	역	Ⅱ-7
円	엔	Ⅱ-4
おいしい	맛있다	Ⅱ-6
オーストラリア	오스트레일리아, 호주	Ⅱ-1
お母さん	어머니	Ⅰ、Ⅱ-1
億	억	Ⅱ-4
おじいさん、祖父	할아버지	Ⅱ-1
オセアニア	오세아니아	Ⅱ-1
夫	남편	Ⅱ-1
おつり	거스름돈	Ⅱ-4
お父さん	아버지	Ⅱ-1
弟	남동생	Ⅱ-1
一昨日	그저께	Ⅱ-7
腹	배	Ⅰ
おばあさん、祖母	할머니	Ⅱ-1
覚えます	외워요	Ⅰ
おくりもの	선물	Ⅱ-3、6
お湯	따뜻한물	Ⅱ-8
音楽鑑賞	음악감상	Ⅱ-6
温泉	온천	Ⅱ-4
温度	온도	Ⅱ-5

か

が	-이, -가	Ⅱ-2
回	번	Ⅱ-5
階	층	Ⅱ-4
会社員	회사원	Ⅱ-1
買う	사다	Ⅱ-6
顔	얼굴	Ⅰ
柿	감	Ⅱ-3
学生	학생	Ⅱ-1

学年	학년	II-4
火山	화산	II-4
歌手	가수	II-1
肩	어깨	I
方、お方	-분	II-1
カタログ	카탈로그	II-8
かっこいい	멋있다	II-2
家電製品	가전제품	II-10
カナダ	캐나다	II-1
カフェ	카페	II-2
カメラ	카메라	II-10
火曜日	화요일	II-7
から	-부터	II-5
カラオケ	노래방	II-2
カラス	까마귀	I
体	몸	I
カルグクス	칼국수	II-6
カルビ	갈비	II-7
川	강	II-4
韓国	한국	II-1、6
看護師	간호사	II-1
韓服	한복	II-8
記者	기자	II-1
北アメリカ	북아메리카	II-1
キツネ	여우	I
昨日	어제	II-7
来ます	와요	I
九	구	II-4
九十	구십, 아흔	II-4、5
キュウリ	오이	I
今日	오늘	II-7、8
教会	교회	II-7
ギョウザ	만두	I
銀行	은행	II-7、8
銀行員	은행원	II-1
金曜日	금요일	II-7
空港	공항	II-7
九月	구월	II-4
九九	구구	I

口	입	I
唇	입술	I
首	목	I
雲	구름	II-5
広蔵（クァンジャン）市場	광장시장	II-10
警察	경찰	I
警察官	경찰관	II-1
警察署	경찰서	II-7
携帯電話	휴대폰	II-10
劇場	극장	II-7
化粧品	화장품	II-3、6
月曜日	월요일	II-7
個	-개	II-5
五	오	II-4
公園	공원	II-7
紅茶	홍차	II-8
公務員	공무원	II-1
コーヒー	커피	I、II-8
コーラ	콜라	II-8
五月	오월	II-4
ここ	여기	II-2
午後	오후	II-7
九つ	아홉	II-5
腰	허리	I
五十	오십, 쉰	II-4
午前	오전	II-7
ごちそうさまでした	잘먹었습니다	II-4
子ども	아이, 애	I
この	이	II-1
この子	얘	I
この頃	요즘	II-9
ごはん	밥	I
これ	이거, 이것	II-2、3
今週	이번주	II-7、9
こんにちは	안녕하세요	II-1
コンピュータ	컴퓨터	II-10

さ

歳	-살	II-5
サイダー	사이다	II-8
酒	술	II-8
冊	-권	II-5
サッカー	축구	II-6
雑誌	잡지	II-3
サツマイモ	고구마	II-3
左右	좌우	II-2
さようなら	안녕히 가세요	II-4
	안녕히 계세요	II-4
申年	원숭이띠	II-9
さん	-씨	II-7
三月	삼월	II-4
サングラス	선글래스	II-2
三十	삼십, 서른	II-4、5
サンチュ	상추	II-3
散歩	산책	II-6
三	삼	II-4
時	-시	II-5
四月	사월	II-4
時間	시간	II-25
四十	사십, 마흔	II-4、5
地震	지진	II-4
下	아래, 밑	II-2
七	칠	II-4
七月	칠월	II-4
七十	칠십, 일흔	II-4、5
島	섬	II-4
じゃあ	그럼	II-3
ジャガイモ	감자	II-3
十	십	II-4
十一月	십일월	II-4
十月	시월	II-4
ジュース	주스	II-8
十二月	십이월	II-4
週末	주말	II-9
宿題	숙제	II-2、9
趣味	취미	II-6

日本語	韓国語	課
将棋	장기	II-6
上下	위아래	II-2
焼酎	소주	II-8
食堂	식당	II-2
食器洗浄機	식기세척기	II-10
書店	서점	II-2
新聞	신문	I
スイカ	수박	II-3
炊飯器	전기밥솥	II-10
水曜日	수요일	II-7
スーパーマーケット	슈퍼마켓	II-2
スカート	치마	II-8
すぎる	너무	II-8
素敵だ	멋있다	II-2
スパゲッティ	스파게티	I
スペイン	스페인	II-1
スポーツ	스포츠	II-6
(呼びかけ) すみません、あの〜	저기요	II-2
する	하다	II-5、8
生徒	학생	II-1
背中	등	I
ゼロ	공, 영	II-4
千	천	II-4
前後	앞뒤	II-2
先週	지난주	II-7
先生	선생님	II-1
洗濯機	세탁기	II-10
扇風機	선풍기	II-10
そういえば	참	II-5
掃除機	청소기	II-10
ソウル	서울	II-1
ソウル駅	서울역	II-9
そこ	거기	I、II-2
外	밖	II-2
その	그	II-1
空	하늘	II-4
それ	그거, 그것	II-3

た

日本語	韓国語	課
台	-대	II-5
大根	무	II-3
台風	태풍	II-5
太陽	해	II-4
高い	비싸다	I
たくさん	많이	II-6
タクシー	택시	II-8
辰年	용띠	II-9
タバコ	담배	I
食べる	먹다	II-6
誰	누구	II-4
タレント	탤런트	II-1
田んぼ	논	II-4
近頃	요즘	II-9
父・パパ	아빠	II-1
チマチョゴリ	치마저고리 (韓服)	II-8
チムジルバン	찜질방	II-2
チュー、キス	뽀뽀	I
中国	중국	II-1
駐車	주차	I
注文する	주문하다	II-7
ちょっと	좀	II-6、8
月	-월, -달	II-4
次	다음	II-5
妻	아내	II-1
梅雨	장마	II-5
釣り	낚시	II-6
手	손	I
で (手段)	-로, -으로	II-8
で (場所)	-에서	II-5
です	-입니다	II-1
ですか	-입니까?	II-1
ですね	-네요	II-2
では	그럼	II-3
デパート	백화점	II-7
テレビ	텔레비전	II-10
寺	절	II-7

日本語	韓国語	課
天気	날씨	II-5
天気予報	일기예보	II-5
電車	전철	II-8
電子レンジ	전자렌지	II-10
電話	전화	II-10
と	-과(와), -하고	II-3、7
度	-번	II-5
ドイツ	독일	II-1
トイレ	화장실	II-2
頭 (動物の頭数)	-마리	II-5
唐辛子	고추	II-3
どうして	왜	I
東大門市場	동대문시장	II-8
十 (とお。数え)	열	II-5
読書	독서	II-6
時計	시계	I
どこ	어디	II-2
ところで	참	II-5
年	-년, 띠	II-4、9
土地	땅	II-4
とても	아주, 매우	II-6、8
どの	어느	I、II-1
トマト	토마토	I
友だち	친구	II-1、6
土曜日	토요일	II-7
寅年	호랑이띠	II-9
ドラマ	드라마	II-9
鶏	닭	I
酉年	닭띠	II-9

な

日本語	韓国語	課
ない	없다	II-2
内外	안팎	II-2
中	안	II-2
梨	배	II-3
なぜ	왜	I
夏	여름	II-5
七十	칠십, 일흔	II-4、5

日本語	韓国語	課
七つ	일곱	II-5
鍋物	찌개	I
何	무엇, 몇	II-3、4
何（を）	뭐, 뭘	II-3、7
南大門市場	남대문시장	II-2
習う	배우다	II-3
何月	몇월	II-4
何時	몇시	II-5
何日	며칠	II-4
二	이	II-4
に	-에	II-2
二月	이월	II-4
虹	무지개	II-5
二十	이십, 스물, 스무	II-4、5
日曜日	일요일	II-7
には	-엔	II-8
日本	일본	I、II-1
ニュージーランド	뉴질랜드	II-1
にわか雨	소나기	II-5
鼠年	쥐띠	II-9
のど	목	I
のり巻き	김밥	II-4
乗る	타다	II-8

は

日本語	韓国語	課
は	-는, -은	II-1
歯	이	I
はい	네, 예	II-1、I
俳優	배우	II-1
博物館	박물관	II-7
初めて	처음	II-1
畑	밭	II-4
八	팔	I、II-4
八月	팔월	II-4
八十	팔십, 여든	II-4、5
鼻	코	I
花屋	꽃집	I、II-2
母	엄마	I、II-1

日本語	韓国語	課
パパ	아빠	II-1
春	봄	II-5
番	-번	II-5
パン屋	빵집	II-2
ビール	맥주	II-8
匹	마리	II-5
膝	무릎	I
美術館	미술관	II-7
額	이마	I
左側	왼쪽	II-2
未年	양띠	II-9
人	사람	II-1、5
一つ	하나, 한	II-5
ビビンバ	비빔밥	II-7
百	백	II-4
病院	병원	II-2
昼	낮	II-7
昼ごはん	점심	II-7
ピンデトック	빈대떡	II-10
夫婦	부부	I
服	옷	II-3
二つ	둘, 두	II-5
冬	겨울	II-5
ブラジル	브라질	II-1
フランス	프랑스	II-1
プルゴギ	불고기	I、II-7
プレゼント	선물	II-3、6
分	-분	II-5
巳年（へびどし）	뱀띠	II-9
弁護士	변호사	II-1
頬	뺨	I
僕、私	나	II-1
星	별	II-4
ホテル	호텔	II-7
本	책	I
本（瓶などの数え方）	-병, -자루	II-5
本当に	정말, 진짜	II-2

ま

日本語	韓国語	課
枚	-장	II-5
前	앞	II-2
前売り券を買う	예매하다	II-5
マクワウリ	참외	II-3
また	또	I
マッコリ	막걸리	II-8
まで	-까지	II-5
学ぶ	배우다	II-3
ママ	엄마	II-1
眉毛	눈썹	I
マンション	아파트	I
ミカン	귤	II-3
右側	오른쪽	II-2
水	물	II-8
店	가게	II-6
三つ	셋, 세	II-5
南アメリカ	남아메리카	II-1
耳	귀	I
明洞	명동	I、II-6
明洞駅	명동역	II-9
見る	보다	II-7
麦茶	보리차	II-8
息子	아들	II-1
娘	딸	II-1
六つ	여섯	II-5
胸	가슴	I
無理	무리	I
目	눈	I
名、人（人の数え方）	-명	II-5
メガネ	안경	II-2
メニュー	메뉴	I
免税店	면세점	II-2
も	-도	II-3
木曜日	목요일	II-7
森	숲	I
モンゴル	몽골	II-1

	や	
野球	야구	II-6
薬剤師	약사	II-1
野菜	야채	II-3
安い	싸다	II-10
薬局	약국	II-2
八つ	여덟	I、II-5
山	산	II-4
山登り	등산	II-6
ヤンニョムチキン	양념치킨	II-4
夕方	저녁	II-6、7
夕ごはん	저녁	II-6、7
郵便局	우체국	II-7
雪	눈	II-5
ユッケ	육회	II-7
指	손가락	I
よい	좋다	II-6、7

ヨーロッパ	유럽	II-1
よく	자주	II-9
横	옆	II-2
四つ	넷, 네	II-5
余裕	여유	I
夜	밤	II-7
四	사	II-4
四十	사십, 마흔	II-4、5

	ら	
ライオン	사자	I
来週	다음주	II-7
ラジオ	라디오	II-10
料理	요리	II-6
緑茶	녹차	II-8
旅行	여행	II-6
リンゴ	사과	II-3

礼儀	예의	I
冷蔵庫	냉장고	II-10
冷麺	냉면	II-7
六	육	II-4
六月	유월	II-4
六十	육십, 예순	II-4、5
ロシア	러시아	II-1

	わ	
羽	-마리	II-5
わが国	우리나라	I
わたくし	저	II-1
私の	제	II-3
私、僕	나	II-1
私たち	우리	II-1
を	-를, -을	II-6
んですよ	-거든요	II-8

❶ 「의」の発音

「의」は位置などによって3通りの発音がある。

位置	発音	例
① 語頭	[ウイ ɰi]	의사 (医師)、의자 (椅子)、의회 (議会)
② a) 2番目の音節以下	[イ i]	예의 (礼儀)、회의 (会議)、회의에 (会議に)
b) 子音+ ᅴ		희다 (白い)、무늬 (模様)
③ 助詞「～の」	[エ e]	아이의 우유 (子どもの牛乳)

❷ 애[ɛ]・에[e]の発音

発音	「애 [ɛ]」:「エ」より口を少し広く開けて発音する 「에 [e]」:「エ」より口を気持ち小さく開けて発音する

＊「애[ɛ]」も에[e]」も、近年はいずれも [エ[e]] に近い発音をする傾向があります。

❸ 二重母音の単母音化 「얘」・「예」の発音

発音	「얘」[イェ yɛ]:口を大きく開けてひと息に「イェ」と発音する 「예」[イェ ye]:口を小さく開けてひと息に「イェ」と発音する

例 시계 [시계 → 시계] (時計)

④ 有声音化

▶有声音化（1）

例 **구구** [クク → ク*グ*] （九九）

	表記	有声音化
九九	**구구** クク	ク*グ* [ku*g*u]
夫婦	**부부** ププ	プ*ブ* [pu*b*u]

▶有声音化（2）

例 **불고기** [プルコキ → プルゴ*ギ*] （プルゴギ）

パッチム （鼻音・流音）	＋初声 （続く語 - 平音）	有声音化	例
ㄴ ㄹ ㅁ ㅇ	ㄱ [k]	→ ㄱ [g]	**만개** （満開）　**얼굴** （顔）　**남국** （南国） **농구** （バスケットボール）
	ㄷ [t]	→ ㄷ [d]	**반대** （反対）　**멀다** （遠い） **감독** （監督）　**상대** （相手）
	ㅂ [p]	→ ㅂ [b]	**준비** （準備）　**갈비** （カルビ） **담보** （担保）　**장부** （帳簿）
	ㅈ [ʧ]	→ ㅈ [ʤ]	**안주** （おつまみ）　**줄자** （巻き尺） **잠자리** （トンボ）　**상자** （箱）

⑤ 連音化（リエゾン）

例 **서울에** [서우레] （ソウルに）　　　　**지짐이** [지지미] （チヂミ）

例 잡지 [잡찌] (雑誌)

パッチム	＋初声	初声の**濃音化**	例
[ㄱ](ㄱ, ㄲ, ㅋ)	ㄱ	ㄱ → [ㄲ]	탁구 [탁꾸] 卓球 복도 [복또] 廊下 국밥 [국빱] 学校
[ㄷ](ㄷ, ㅌ, ㅅ, ㅆ, ㅈ, ㅊ)	ㄷ	ㄷ → [ㄸ]	걷다 [걷따] 歩く
	ㅂ	ㅂ → [ㅃ]	숫자 [숟자→숟짜] 数字 찾다 [찯다→찯따] 探す
	ㅅ	ㅅ → [ㅆ]	
[ㅂ](ㅂ, ㅍ)	ㅈ	ㅈ → [ㅉ]	잡지 [잡찌] 雑誌 입다 [입따] 着る 앞집 [압집→압찝] 前の家

例 입니다 [임니다] (〜です)

パッチム	＋初声	パッチムの**鼻音化**	例
[ㄱ](ㄱ, ㄲ, ㅋ)		[ㄱ → ㅇ]	국민 [궁민] 国 작년 [장년] 昨年
[ㄷ](ㄷ, ㅌ, ㅅ, ㅆ, ㅈ, ㅊ)	ㄴ ㅁ	[ㄷ → ㄴ]	옛날 [옏날→옌날] 昔 꽃말 [꼳말→꼰말] 花言葉
[ㅂ](ㅂ, ㅍ)		[ㅂ → ㅁ]	입문 [임문] 入門 앞니 [암니] 前歯

8 口蓋音化

例 **굳이** [구지] （あえて）   **같이** [가치] （価値）

パッチム	＋接続	口蓋音化	例
ㄷ	이	→ 지	맏이 [마지] 長男・長女 굳이 [구지] あえて 해돋이 [해도지] 日の出
ㅌ		→ 치	같이 [가치] 一緒に 붙이다 [부치다] 貼る

9 激音化

例 **육회** [유쾨] （ユッケ）   **좋다** [조타] （よい）

パッチム	＋接続	激音化	例
[ㄱ] (ㄱ, ㄲ, ㅋ)	ㅎ	→ ㅋ	축하 [추카] 祝賀 국화 [구콰] 菊
[ㄷ] (ㄷ, ㅌ, ㅅ, ㅈ, ㅊ)	ㅎ	→ ㅌ	몇 해 [멷해→며태] 何年
[ㅂ] (ㅂ, ㅍ)	ㅎ	→ ㅍ	입학 [이팍] 入学 집합 [지팝] 集合
ㅎ	ㄱ	→ ㅋ	좋고 [조코] よくて
	ㄷ	→ ㅌ	좋다 [조타] よい
	ㅈ	→ ㅊ	좋지만 [조치만] よいが

⑩ 「ㅎ」の 無音化と弱音化

例 **좋아요** [조아요] （いいです）　**은행** [으냉]（銀行）

パッチム	＋接続	無音化	例
ㅎ	母音	ㅎ→無	좋아요 [조아요] いいです 놓아요 [노아요] 置きます 넣어요 [너어요] 入れます 괜찮아요 [괜차나요] 大丈夫です

パッチム	＋接続	弱音化	例
ㄴ, ㄹ, ㅁ, ㅇ	ㅎ	ㅎ→ㅎ	신호 [신호/시노] 信号 말해요 [말해요/마래요] 話します 심해요 [심해요/시매요] ひどいです

⑪ 「ㄴ」添加

例 **명동역** [명동녁]（明洞駅）

パッチム	＋接続	ㄴの添加	例
ㄴ ㄹ ㅁ ㅇ	야 여 요 유 이	→ → → → →	냐 녀 뇨 뉴 니	무슨 何 + 요일 曜日 → 무슨 요일 [무슨 뇨일] 무슨 何 + 약 薬 → 무슨 약 [무슨냑] 시청 市庁 + 역 駅 → 시청역 [시청녁]

助詞	意味	パッチムなし	パッチムあり
は	主題	는 노트는 （ノートは）	은 책은 （本は）
が	主格	가 노트가 （ノートが）	이 책이 （本が）
を	目的	를 노트를 （ノートを）	을 책을 （本を）
	～に乗る	를 버스를 타다 （バスに乗る）	을 지하철을 타다 （地下鉄に乗る）
	～に会う	를 친구를 만나다 （友だちに会う）	을 동생을 만나다 （弟・妹に会う）
	～が好きだ	를 커피를 좋아하다 （コーヒーが好きだ）	을 빵을 좋아하다 （パンが好きだ）
と	列挙	와 노트와 （ノートと）	과 책과 （本と）
	列挙	하고*1 노트하고 （ノートと）	책하고 （本と）
の	属格・所有	의 노트의 （ノートの）	책의 （本の）
も		도 노트도 （ノートも）	책도 （本も）

助詞	意味	パッチムなし	パッチムあり
に	事物・場所・時間	에 노트에 （ノートに）　책에 （本に） 학교에 （学校に）　오전에 （午前に）	
	人・動物	에게 고양이에게 （猫に）	동생에게 （弟に）
		한테 *2 고양이한테 （猫に）	동생한테 （弟に）
へ	方向	로 도쿄로 （東京へ）	으로 부산으로 （釜山へ） 로 (ㄹパッチム) 서울로 （ソウルへ）
で	手段・道具	로 컴퓨터로 （コンピュータで）	으로 볼펜으로 （ボールペンで） 로 (ㄹパッチム) 연필로 （鉛筆で）
	場所	에서 학교에서 공부를 하다 （学校で勉強をする） 공원에서 산책을 하다 （公園で散歩をする）	
から	空間・事物・出発点	에서(부터) 도쿄에서(부터) （東京から） 책에서 （本から）	
	時間・順序	부터 어제부터 （昨日から） 아침부터 （朝から）　1번부터 （一番から）	
まで	空間・時間・順序	까지 오사카까지 （大阪まで） 저녁까지 （夕方まで） 10번까지 （10番まで）	

*1*2は主に話し言葉で使います。

V. 韓国語の分かち書き

助詞 (조사)	その前の語に くっつけて書く	例 친구가 (友だちが)／친구는 (友だちは)／ 친구를 (友だちを)／친구도 (友だちも)／ 친구만 (友だちだけ)／ 친구가 있습니다 (友だちがいます)
指定詞 (지정사) 「-이다 (〜である)」、 [-입니다 (〜です)]	その前の体言に くっつけて書く	例 친구다. (友だちだ)／ 친구입니다. 친구예요. (友だちです)／ 회사원입니다.　회사원이에요. (会社員です)
依存名詞 (의존명사)	分かち書きする	例 할 수 있다. (できる)／ 노력하는 것이 중요하다. (努力することが重要だ)／ 노력한 만큼 거둔다. (努力しただけものになる)
単位を表す名詞	分かち書きする	例 옷 한 벌 (服一着)／연필 두 자루 (鉛筆二本)／ 꽃 세 송이 (花三輪)／맥주 네 병 (ビール四本)／ 집 한 채 (家一軒)／양말 두 켤레 (靴下二足)／ 책 세 권 (本三冊)／커피 네 잔 (コーヒー四杯)／ 스무 살 (二十歳) ☆ 但し、順序を表したり数字と用いられる 　場合は、くっつけて書くこともできる。 例 제일회 (第一回)／일곱시 삼십분 십오초 （2時 30 分 15 秒）／삼층 (3 階)／일학년 (一年生)／일주일 (一週間)／일개월 (一カ月)／ 1446년 10월 9일 (1446 年 10 月 9 日)／ 10개 (10 個)／ 100원 (100 ウォン)／ 200미터 (200 メートル)／ 10동 404호 (10 棟　404 号)

数を書く時は「万」段位で分かち書きする	例 (12 億 3456 万 7898) → 십이억 삼천사백오십육만 칠천팔백구십팔 12억 3456만 789
姓名は分かち書きしない	例 홍길동 (ホン・ギルトン) ／ 김수현 (キム・スヒョン) ☆ 韓国人の名字は「김, 이, 박」などのように一文字の方が多いが、남궁〔南宮〕、독고〔獨孤〕、황보〔皇浦〕、서문〔西門〕などのように2文字の名字の場合もある。この場合は姓と名前を分かち書きする。 例 남궁 수미／독고 탁／황보 진／서문 길　など
呼称や役職は分かち書きする	例 김수현 씨 (キム・スヒョンさん) ／ 김 사장 (キム社長) ／김 부장 (キム部長) ／ 박 선생님 (パク先生) ☆ 目上の人には役職の後ろに、日本語の「様」にあたる「님」を付ける。 例 김 사장님 (キム社長) ／김 부장님 (キム部長)

（1位から〜100位まで）

1	김 (金)	キム	25	양 (梁)	ヤン	49	지 (池)	チ			
2	이 (李)	イ	26	배 (裵)	ペ	50	엄 (厳)	オム			
3	박 (朴)	パク	27	조 (曺)	チョ	51	원 (元)	ウォン			
4	최 (崔)	チェ	28	백 (白)	ペク	52	채 (蔡)	チェ			
5	정 (鄭)	チョン	29	허 (許)	ホ	53	강 (康)	カン			
6	강 (姜)	カン	30	남 (南)	ナム	54	천 (千)	チョン			
7	조 (趙)	チョ	31	심 (沈)	シム	55	양 (楊)	ヤン			
8	윤 (尹)	ユン	32	유 (劉)	ユ	56	공 (孔)	コン			
9	장 (張)	チャン	33	노 (蘆)	ノ	57	현 (玄)	ヒョン			
10	임 (林)	イム	34	하 (河)	ハ	58	방 (方)	パン			
11	오 (呉)	オ	35	전 (田)	チョン	59	변 (卞)	ピョン			
12	한 (韓)	ハン	36	정 (丁)	チョン	60	함 (咸)	ハム			
13	신 (申)	シン	37	곽 (郭)	クァク	61	노 (魯)	ノ			
14	서 (徐)	ソ	38	성 (成)	ソン	62	염 (廉)	ヨム			
15	권 (権)	クォン	39	차 (車)	チャ	63	여 (呂)	ヨ			
16	황 (黄)	ファン	40	유 (兪)	ユ	64	추 (秋)	チュ			
17	안 (安)	アン	41	구 (具)	ク	65	변 (邊)	ピョン			
18	송 (宋)	ソン	42	우 (禹)	ウ	66	도 (都)	ト			
19	유 (柳)	ユ	43	주 (朱)	チュ	67	석 (石)	ソク			
20	홍 (洪)	ホン	44	임 (任)	イム	68	신 (慎)	シン			
21	전 (全)	チョン	45	나 (羅)	ナ	69	소 (蘇)	ソ			
22	고 (高)	コ	46	신 (辛)	シン	70	선 (宣)	ソン			
23	문 (文)	ムン	47	민 (閔)	ミン	71	주 (周)	チュ			
24	손 (孫)	ソン	48	진 (陳)	チン	72	설 (薛)	ソル			

73	방 (房)	パン	83	왕 (王)	ワン	93	남궁 (南宮)	ナムグン
74	마 (馬)	マ	84	반 (潘)	パン	94	여 (余)	ヨ
75	정 (程)	チョン	85	옥 (玉)	オク	95	장 (蔣)	チャン
76	길 (吉)	キル	86	육 (陸)	ユク	96	어 (魚)	オ
77	위 (魏)	ウィ	87	진 (秦)	チン	97	유 (庾)	ユ
78	연 (延)	ヨン	88	인 (印)	イン	98	국 (鞠)	クク
79	표 (表)	ピョ	89	맹 (孟)	メン	99	은 (殷)	ウン
80	명 (明)	ミョン	90	제 (諸)	チェ	100	편 (片)	ピョン
81	기 (奇)	キ	91	탁 (卓)	タク			
82	금 (琴)	クム	92	모 (牟)	モ			

出典：「2000人口住宅総調査 姓氏および本貫集計結果（統計庁）」より

❶ ハングルで同音の名字

강 カン	강 (姜)	강 (康)			임 イム	임 (林)	임 (任)	
노 ノ	노 (盧)	노 (魯)			장 チャン	장 (張)	장 (蔣)	
방 パン	방 (方)	방 (房)			전 チョン	전 (全)	전 (田)	전 (錢)
변 ピョン	변 (邊)	변 (卞)			정 チョン	정 (鄭)	정 (丁)	정 (程)
신 シン	신 (申)	신 (愼)	신 (辛)		조 チョ	조 (趙)	조 (曺)	
양 ヤン	양 (梁)	양 (楊)			주 チュ	주 (朱)	주 (周)	
여 ヨ	여 (呂)	여 (余)			진 チン	진 (陳)	진 (秦)	
유 ユ	유 (柳)	유 (劉)	유 (兪)	유 (庾)				

❷ 仮名で同音の名字

ソン	성 (成)	선 (宣)	손 (孫)	송 (宋)	チョン	전 (全、田)	정 (鄭、丁、程)	천 (千)
ソ	서 (徐)	소 (蘇)			パン	방 (方、房)	반 (潘)	

1 **안녕하세요.**
アンニョン ハ セ ヨ
こんにちは。

2 **보세요.**
ポ セ ヨ
見てください。

3 **보지 마세요.**
ポ ジ マ セ ヨ
見ないでください。

4 **잘 들으세요.**
チャル ドゥル セ ヨ
よく聞いてください。

5 **따라 하세요.**
タ ラ ハ セ ヨ
後について言ってください。

6 **읽으세요.**
イル グ セ ヨ
読んでください。

7 **쓰세요.**
ス セ ヨ
書いてください。

8 **말하세요.**
マル ハ セ ヨ
話してください。

9 **다 같이!**
タ ガ チ
みんなで一緒に！

10 **한번 더!**
ハン ボン ドー
もう一回！

⑪ 천천히!
チョンチョ ニ

ゆっくり!

⑫ 크게!
ク ゲ

大きく!

⑬ 좋아요./좋습니다.
チョ ア ヨ　チョッスム ニ ダ

OKです。いいです。

⑭ 알겠습니까?
アル ゲッ スム ニ ッカ

分かりますか?

⑮ 알겠습니다.
アル ゲッ スム ニ ダ

分かりました。

⑯ 잘 모르겠습니다.
チャル モ ル ゲッ スム ニ ダ

よく分かりません。

⑰ 숙제입니다.
スク チェ イム ニ ダ

宿題です。

⑱ 수고하셨습니다.
ス ゴ ハ ショッスム ニ ダ

お疲れさまでした。

⑲ 감사합니다.
カム サ ハム ニ ダ

ありがとうございます。

⑳ 안녕히 가세요.
アン ニョン イ ガ セ ヨ

さようなら。

母音 子音	ㅏ [a]	ㅑ [ya]	ㅓ [ɔ]	ㅕ [yɔ]	ㅗ [o]	ㅛ [yo]	ㅜ [u]	ㅠ [yu]	ㅡ [ɯ]	ㅣ [i]
ㄱ [k/g]	가	갸	거	겨	고	교	구	규	그	기
ㄴ [n]	나	냐	너	녀	노	뇨	누	뉴	느	니
ㄷ [t/d]	다	댜	더	뎌	도	됴	두	듀	드	디
ㄹ [r]	라	랴	러	려	로	료	루	류	르	리
ㅁ [m]	마	먀	머	며	모	묘	무	뮤	므	미
ㅂ [p/b]	바	뱌	버	벼	보	뵤	부	뷰	브	비
ㅅ [s/ʃ]	사	샤	서	셔	소	쇼	수	슈	스	시
ㅇ [ø]	아	야	어	여	오	요	우	유	으	이
ㅈ [ʧ/ʤ]	자	쟈	저	져	조	죠	주	쥬	즈	지
ㅊ [ʧʰ]	차	챠	처	쳐	초	쵸	추	츄	츠	치
ㅋ [kʰ]	카	캬	커	켜	코	쿄	쿠	큐	크	키
ㅌ [tʰ]	타	탸	터	텨	토	툐	투	튜	트	티
ㅍ [pʰ]	파	퍄	퍼	펴	포	표	푸	퓨	프	피
ㅎ [h]	하	햐	허	혀	호	효	후	휴	흐	히
ㄲ [ˀk]	까	꺄	꺼	껴	꼬	꾜	꾸	뀨	끄	끼
ㄸ [ˀt]	따	땨	떠	뗘	또	뚀	뚜	뜌	뜨	띠
ㅃ [ˀp]	빠	뺘	뻐	뼈	뽀	뾰	뿌	쀼	쁘	삐
ㅆ [ˀs]	싸	쌰	써	쎠	쏘	쑈	쑤	쓔	쓰	씨
ㅉ [ˀʧ]	짜	쨔	쩌	쪄	쪼	쬬	쭈	쮸	쯔	찌

ㅐ [ɛ]	ㅒ [yɛ]	ㅔ [e]	ㅖ [ye]	ㅘ [wa]	ㅙ [wɛ]	ㅚ [we]	ㅝ [wɔ]	ㅞ [we]	ㅟ [wi]	ㅢ [ɯi]
개	걔	게	계	과	괘	괴	궈	궤	귀	긔
내	냬	네	녜	놔	놰	뇌	눠	눼	뉘	늬
대	댸	데	뎨	돠	돼	되	둬	뒈	뒤	듸
래	럐	레	례	롸	뢔	뢰	뤄	뤠	뤼	릐
매	먜	메	몌	뫄	뫠	뫼	뭐	뭬	뮈	믜
배	뱨	베	볘	봐	봬	뵈	붜	붸	뷔	븨
새	섀	세	셰	솨	쇄	쇠	숴	쉐	쉬	싀
애	얘	에	예	와	왜	외	워	웨	위	의
재	쟤	제	졔	좌	좨	죄	줘	줴	쥐	즤
채	챼	체	쳬	촤	쵀	최	취	췌	취	츼
캐	컈	케	켸	콰	쾌	쾨	쿼	퀘	퀴	킈
태	턔	테	톄	톼	퇘	퇴	퉈	퉤	튀	틔
패	퍠	페	폐	퐈	퐤	푀	풔	풰	퓌	픠
해	햬	헤	혜	화	홰	회	훠	훼	휘	희
깨	꺠	께	꼐	꽈	꽤	꾀	꿔	꿰	뀌	끠
때	떄	떼	뗴	똬	뙈	뙤	뚸	뛔	뛰	띄
빼	뺴	뻬	뼤	빠	뽸	뾔	뿨	뿸	쀠	쁴
쌔	썌	쎄	쎼	쏴	쐐	쐬	쒀	쒜	쒸	씌
째	쨰	쩨	쪠	쫘	쫴	쬐	쭤	쮀	쮜	쯰

著者

チョ・ヒチョル（曺喜澈）
　　ハングル普及会「お、ハングル！」主宰、元東海大学教授、NHK テレビ「テレビでハング
　　ル講座」講師（2009 ～ 2010 年度）、著書に『1 時間でハングルが読めるようになる本』
　　（学研）など。

チョン・ソヒ（錢昭熹）
　　目白大学大学院修了（韓国言語文化修士）、在日本大韓民国民団東京本部コリアン・アカ
　　デミー韓国語講師。

ひとりでゆっくり韓国語入門

2020 年 9 月 10 日　　初版第 1 刷発行

〔著者〕チョ・ヒチョル（曺喜澈）
　　　　チョン・ソヒ（錢昭熹）
〔編集〕岡崎暢子
〔カバーデザイン〕金子英夫
〔本文デザイン＆DTP〕株式会社 アイ・ビーンズ
〔イラスト〕なかざわ とも、Ju Yoo、宗像 香
〔ナレーション〕李美現、全永彬
〔印刷〕大盛印刷株式会社
〔発行人〕永田金司　金承福

〔発行所〕　　　〒 101-0051　東京都千代田区神田神保町 1-7-3 三光堂ビル 3 階
株式会社クオン　電話 03-5244-5426　FAX 03-5244-5428　URL http://www.cuon.jp/